복 있는 사람

오직 여호와의 율법을 즐거워하여 그 율법을 주야로 묵상하는 자로다.
저는 시냇가에 심은 나무가 시절을 좇아 과실을 맺으며 그 잎사귀가 마르지 아니함 같으니
그 행사가 다 형통하리로다. (시편 1:2-3)

마이클 리브스의 『선하신 하나님』은 신학을 열어 가는 탁월한 형식을 따라간다. 이 책은 삼위일체 하나님을 말하면서도 전문적인 신학 용어를 동원하여 교리적 논쟁을 제시하는 방식을 따르지 않는다. 저자는 교부 신학과 교리사에 정통한 학자다운 면모를 가지고, 둘러앉은 사람들에게 재미있는 이야기를 들려주듯 다양한 비유를 들며 정확한 교리의 선을 제시한다. 탁월하게 핵심을 지적하며 전개하는 저자의 이야기는 가슴에는 뜨거움을, 머리에는 지성의 상쾌함을 전해 준다. 새롭고도 시원한 방식으로 우리가 예배하는 하나님을 바르게 깨닫도록 한 저자에게 감사하다. 이 책은 신앙의 의문과 회의를 거의 불가능하게 한다. 이 책을 읽고도 삼위일체 하나님을 예배하는 일이 건조할 수는 없을 것이다. **김병훈** 합동신학대학원대학교 조직신학 교수

독자들은 이 책을 통해 성경을 바라보는 새로운 시각을 갖는 유익을 얻을 것이다. 책을 읽어가는 동안 막연하고 흐릿한 하나님이 아니라 분명하고 또렷한 삼위일체 하나님에 대한 인식을 가지게 될 것이다. "하나님"은 성경에 가장 많이 나오는 단어 가운데 하나다. 이전에는 하나님이라는 단어가 나오면 그냥 지나쳤지만 이제는 이 단어를 접할 때마다 삼위일체 하나님을 떠올리면서 그분을 경외하게 될 것이다. 아울러 성경을 읽을 때 이전보다 훨씬 더 깊고 풍성한 말씀의 깊이를 체험할 수 있을 것이다. **이성호** 고려신학대학원 역사신학 교수

마이클 리브스는 이 책에서 하나님의 사랑을 삼위일체 교리로 풀어내고 있다. 이 책에서 삼위일체 교리는 딱딱하고 난해하고 생소한 외국어의 철학적 표상이나 논리적 배열이 아니라 하나님의 속성, 특별히 하나님의 사랑을 이해하는 참으로 감미로운 원천으로 나타난다. 저자는 성부와 성자와 성령의 동시적인 사역인 창조와 구속과 성화는 밖을 향하시는 삼위일체 하나님의 사랑 없이는 이해하지 못한다고 한다. 삼위일체 교리의 생소함과 난해함에 염증을 느끼는 분들이 있다면, 삼위일체 교리의 건강한 전통을 벗어나지 않으면서도 쉽고 경쾌한 재즈풍 어법으로 저술한 이 책을 추천하고 싶다. **한병수** 아세아연합신학대학교 조직신학 교수

마이클 리브스는 『선하신 하나님』을 통해 삼위일체를 다루는 아주 효과적이면서도 간결한 방법을 보여준다. 이 책이 가진 강점 가운데 하나는 삼위일체를 실제적이면서도 이해하기 쉽게 다루고 있다는 것이다. 여기서 나타나는 가장 흥미로운 점은 독자들의 이해를 돕는 리브스의 솜씨다. 그는 숙련된 솜씨로 하나님의 아름다움, 넘치는 자애로움, 마음을 붙잡는 사랑스러움을 설명하며 독자들이 하나님을 즐거워하는 것이 어떤 의미이고 삼위일체 교리는 무엇인지에 대해 이해하도록 만든다. **알버트 몰러** 미국 남침례 신학교 총장

삼위일체 때문에 혼란에 빠져 본 적이 있는가? 만약 그렇다면, 이 책은 당신을 위한 것이다. 이 책은 하나님이 어떤 분인지 알고 싶어 하는 젊은 사람들, 비전문가와 신앙에 대해 나눌 방안을 찾고 있는 목회자들에게 이상적인 입문서다. 이 책이 삼위일체를 다루는 근본적인 접근 방식은 견실하여 읽는 사람들로 하여금 영혼의 생기를 되찾게 해줄 것이다. **제럴드 브레이** 비슨 신학교 역사신학 교수

삼위일체 교리를 골칫거리나 인내로 감당해야 할 부담이라고 느껴 본 적이 있다면, 이 책은 삼위일체에 대한 그러한 인식을 바꿔 줄 것이다. 마이클 리브스의 『선하신 하나님』은 삼위일체 하나님을 기독교 신앙의 정점으로 보여준다. 리브스는 하나님의 삼위일체야말로 그분의 아름다우심의 비밀이라는 확신을 갖고, 삼위일체에 대한 불붙는 열정을 가지고 이 책을 풀어 간다. 『선하신 하나님』은 우리가 예상하는 여느 신학책보다 자극이 되며 인용할 만하다. 리브스는 매 쪽마다 새로운 방식으로 대화하고 놀라운 연결점을 짚어 내어 복음의 하나님은 삼위로 계신 하나님이라는 사실을 일깨워 준다. **프레드 샌더스** 바이올라 대학교 Torrey Honors Institute 교수

최근 몇 년 동안 일반 독자들을 위해 삼위일체에 관한 몇 권의 책이 출간되었다. 현실과 무관한 것으로 방치되었던 삼위일체 교리에서 먼지를 떨어내고 삼위일체가 그리스도인의 믿음과 삶의 모든 부분을 급진적으로 형성하는 것을 돕는 책들이었다. 이 책은 그중에서도 가장 생생하고 읽기 쉬우며 자극이 되는 책이다. **제레미 벡비** 듀크 신학교 Thomas A. Langford 연구교수

『선하신 하나님』은 놀라운 책이다. 독자들은 책을 읽는 내내 솜사탕을 먹는 것처럼 달콤하고 재미있으며 쉽다고 느낄 것이다. 그럼에도 실제로는 본질적으로 건강에 도움이 되는 영양가 있는 식사를 하게 될 것이다. 이 책은 하나님에 대한 이해를 넓혀 주고 하나님을 향한 사랑을 더해 주는 책으로, 읽어 가다 보면 세상으로 흘러넘치는 성부, 성자, 성령 사이의 아낌없는 사랑에 압도될 것이다. 하나님을 즐거워하고 싶다면 이 책을 읽어 보라. **팀 체스터** Crowded House 대표, 「나도 변화될 수 있다」, 「교회다움」 저자

선하신 하나님

Michael Reeves

The Good God

: Enjoying Father, Son and Spirit

THE GOOD GOD

친밀함을
순종하며
모든것을

선하신
하나님

나누시는
내주시는
이루시는

성부 하나님
성자 하나님
성령 하나님

마이클 리브스 지음   장호준 옮김   복 있는 사람

선하신 하나님

2015년 12월 22일 초판 1쇄 발행
2024년 8월 23일 초판 10쇄 발행

지은이 마이클 리브스
옮긴이 장호준
펴낸이 박종현

(주) 복 있는 사람
주소 서울특별시 마포구 연남동 246-21(성미산로23길 26-6)
전화 02-723-7183(편집), 7734(영업·마케팅) 팩스 02-723-7184
이메일 hismessage@naver.com
등록 1998년 1월 19일 제1-2280호

ISBN 978-89-6360-170-0 03230

이 도서의 국립중앙도서관 출판예정도서목록(CIP)은 서지정보유통지원시스템
홈페이지(http://seoji.nl.go.kr)와 국가자료공동목록시스템(http://www.nl.go.kr/kolisnet)에서
이용하실 수 있습니다. (CIP 제어번호: 2015033718)

The Good God
by Michael Reeves

Copyright © 2012 by Michael Reeves
Originally published in English as The Good God
by Paternoster, 52 Presley Way, Crownhill, Milton Keynes, MK8 0ES, United Kingdom.
All right reserved.

This Korean translation edition © 2015 by The Blessed People Publishing Inc., Seoul, Korea.
This Korean edition is published by arrangement of Authentic Media Ltd. through rMaeng2,
Seoul, Republic of Korea.

이 한국어판의 저작권은 알맹2 에이전시를 통하여 Authentic Media Ltd.와 독점 계약한 (주) 복 있는
사람에 있습니다. 신저작권법에 의하여 한국 내에서 보호받는 저작물이므로 무단 전재와 무단 복제를
금합니다.

차례

좀 극단적으로 들릴지 모르지만 삼위일체의 관점에서 볼 때 한국 개
신교는 실천적 양태론이라는 이단에 가깝다. 신자들은 삼위일체를
입술로는 고백하지만 이 교리는 그들의 삶 속에서, 특별히 예배 가운
데 전혀 영향을 미치지 않는다. 삼위일체 교리가 없어도 신앙생활을
하는 데 아무런 어려움을 느끼지 않는다. 대표적인 예가 "'주여!' 삼
창"이라고 할 수 있을 것이다. 이와 같은 기도의 습관은 삼위 하나님
의 구분을 원천적으로 봉쇄한다.

　"'주여!' 삼창"의 예에서 보듯이 많은 신자들은 하나님을 아버지
라고 고백하는 것과 하나님을 주라고 고백하는 것의 차이를 느끼지
못한다(전자의 경우는 자신을 자녀라고 고백하는 것이고 후자의 경우는
종이라고 고백하는 것인데도 말이다). 이와 마찬가지로 그냥 하나님이
라고 부르는 것과 성부, 성자, 성령 하나님이라고 부르는 것의 차이
를 인식하지 못하기 때문에 성부, 성자, 성령은 거추장스러운 용어로
간주된다.

　삼위일체가 약화된 결과 무엇보다 예배에서 성부, 성자, 성령의
이름 자체가 불리지 않는다. 삼위 하나님을 명시적으로 언급하는 송
영이 찬송에서 사라져 버렸다. 삼위일체 하나님에 대한 신자의 신앙

을 고백하는 사도신경이 하나의 주문처럼 인식되고 있다. 설교 시간에 삼위 하나님의 구원 사역이 선포되기보다 인간을 위한 영적 교훈이 주를 이루게 된다. 삼위 하나님의 이름이 가장 선명하게 들려야 할 세례식은 예배 시간이 길어진다는 이유로 될 수 있는 대로 간편하게 시행된다.

십계명을 들어 말하자면, 전반적으로 한국 개신교 예배 가운데서 하나님의 이름을 올바로 사용하라는 제3계명은 심각하게 손상을 받고 있다. 제3계명에 대한 무지는 곧 제1계명에 대한 무지로 이어진다. 예배나 찬송에서 "누구를 예배하는가?"라는 질문은 가장 중요한 질문임에도 충분히 혹은 제대로 다루어지지 않는다. 예배의 대상이 "막연한" 하나님이 되어 버렸기 때문에 예배의 방식(제2계명) 역시 방향성을 잃게 되었다. 간단히 말하면 삼위일체 하나님이 희미해진 결과 예배 자체가 총체적으로 부실하게 되었다.

삼위일체 교리가 예배에서 제대로 실천되지 않은 결과 한국 개신교 신자들은 너무나 쉽게 신천지와 같은 이단에 빠지고 있다. 여러 이유가 있겠지만 현재 한국교회의 예배는 이단들의 예배와 별 차이가 없기 때문이다. 신자들은 이단들의 예배에 참석해도 별 어색함을 느끼지 않는다. 어떤 경우에는 그들의 열정적인 예배 모습에 더 감명을 받기도 한다. 삼위일체 하나님이 예배의 중심이 되지 않는 한 이런 일은 근본적으로 막을 수 없을 것이다.

삼위일체 교리가 정말로 중요하다는 사실을 절감한 독자들은 그 내용이 무엇인지에 대해서 궁금해할 것이다. 그러나 막상 이 교리를 제대로 이해하는 것은 쉽지 않다. 이 교리를 가르치거나 설명하는 것은 더욱 어렵다. 이 점에서 마이클 리브스의 『선하신 하나님』은 삼위일체에 대한 탁월한 입문서다. 필자에게 이 책은 삼위일체 교리에 대해서 읽어 본 책 중에서 가장 재미있는 책이었다. 이 책을 읽으면서 독자들은 어려운 교리를 재미있게 풀어내는 저자의 탁월한 능력에 감탄할 것이다.

이 책이 재미있는 이유는 무엇보다 삼위일체 교리를 최대한 쉽게 설명하고 있기 때문이다. 저자는 삼위일체와 관련된 어려운 용어들을 거의 사용하지 않는다. 오히려 우리가 일상생활에서 경험할 수 있는 실례들을 사용하여 삼위일체 교리를 설명하고 있다. 더 나아가 이 교리가 우리의 삶 속에서 어떻게 실제로 적용되는지 잘 보여주고 있다. 중간중간 저자가 던지는 적절하고 유효한 질문들은 독자로 하여금 책 속으로 쉽게 빨려 들게 한다.

이 책 원서의 제목을 전부 표기하면 『선하신 하나님: 성부, 성자, 성령 하나님을 즐거워하기』다. 제목이 암시하듯이 이 책은 하나님이 성부, 성자, 성령으로 계셔야만 선하신 하나님이 되실 수 있다는 것을 처음부터 끝까지 논증하고 있다. 바꾸어 말하면 하나님이 선하시다면 그 하나님은 성부, 성자, 성령으로 존재하셔야 한다는 것이다. 그 논증의 중심에는 사랑이라는 개념이 자리하고 있다. 성경이 명시적으로 언급하듯이 하나님이 정말로 사랑이시라면(요일 4:16) 하나님은 필연적으로 사랑하시는 존재일 수밖에 없다. 그런데 사랑은 기본적으로 관계적 또는 인격적 개념이기 때문에 사랑의 하나님은 인격적 존재이실 수밖에 없다. 그렇지 않다면 하나님은 사랑으로 충만할 수 있을지는 모르지만 사랑의 대상 없이 불완전하게 존재할 수밖에 없을 것이다.

독자들은 이 책을 통해 성경을 바라보는 새로운 시각을 갖는 유익을 얻을 것이다. 책을 읽어 가는 동안 막연하고 흐릿한 하나님이 아니라 분명하고 또렷한 삼위일체 하나님에 대한 인식을 가지게 될 것이다. "하나님"은 성경에 가장 많이 나오는 단어 가운데 하나다. 이전에는 하나님이라는 단어가 나오면 그냥 지나쳤지만 이제는 이 단어를 접할 때마다 삼위일체 하나님을 떠올리면서 그분을 경외하게 될 것이다. 아울러 성경을 읽을 때 이전보다 훨씬 더 깊고 풍성한 말씀의 깊이를 체험할 수 있을 것이다.

유일하시고 참되신 성부, 성자, 성령 삼위 하나님의 샬롬이 이 책을 읽는 모든 이들에게 함께 하기를 소망한다.

이성호
고려신학대학원 역사신학 교수

들어가며

"하나님은 사랑이시라." 이 말처럼 명랑한 말이 또 있는가? 생기 있고 사랑스러울 뿐 아니라 아니라 탁탁 소리를 내며 타오르는 모닥불처럼 온화함과 푸근함을 주기까지 한다. 그렇다면 "하나님은 삼위일체"라는 말은 어떤가? 전혀 그렇게 들리지 않을 것이다. 차갑고 지루하게만 들릴 뿐이다. 이해 못하는 바는 아니다. 이 책의 목적은 삼위일체에 대한 이런 말도 안 되는 생각과 느낌을 그치도록 하는 것이다. 맞다. 삼위일체는 고루하고 삶과 전혀 관계가 없는 교리로 치부되기 쉽다. 그러나 진실은 하나님이 사랑인 이유가 바로 하나님이 삼위일체시기 때문이라는 것이다.

하나님을 더욱 즐거워하고 삼위일체로 계시는 하나님의 사역이 얼마나 아름다운지를 살펴보는 것이 본서의 목적이다. 이 책은 하나님이 선하시다는 것을 맛보아 알고, 기쁜 마음을 갖고 스스로 생기를 되찾게 되는 계기가 될 것이다. 하나님이 삼위일체로 계신다는 사실이 뜻하는 것이 무엇인지 알 때에야 하나님의 아름다움, 그분께 있는 넘치는 자애로움, 마음을 매료시키는 그분의 사랑스러움을 제대로 맛볼 수 있다. 만약 하나님에게서 삼위일체를 빼 버린다면, 하나님을 알아 가는 것만큼 부담스럽고 지루하고 따분한 일도 없을 것이다. 하나님을 가장 즐거워할 수 있는 부분을 정확히 잘라 내는 것이기 때문이다. 하나님은 삼위일체시기 때문에 하나님이 그토록 선하고 사모할 만한 분이시라는 점 역시 삼위일체적이다.

그런 면에서 이 책을 내려놓지 않고 여기까지 읽은 것을 축하해야겠다. 기독교 서적 가운데 날개 돋친 듯 팔려 나가는 책들은 당장 써먹을 수 있는 것들을 제공하는 "어떻게"how to 부류의 실용서들이다. "어떻게" 부류의 책에 길들여진 사람에게 삼위일체에 관한 책을 읽는다는 것은 "간장공장 공장장은 강 공장장이고 된장공장 공장장은 장 공장장이다."Theodore Oswald twistle the thistle sifter sifted a sack of thistles와 같이 혀가 꼬이는 말들이 잔뜩 나열된 문장을 읽는 것처럼 어렵기만 할 뿐 재미도 없고 무의미하게 느껴질 것이다. 그러나 기독교 신앙의 주된 목적은 삶의 방식을 바꾸는 것이 아니다. 기독교 신앙은 하나님 앎에 관한 것이다. 우리는 하나님을 알고 그분을 즐거워하는 일에 자라 가기 위해 구원받았다. 이것이 여기서 강조하고자 하는 것이다.

그렇긴 하지만 하나님을 더 잘 알아 갈수록 훨씬 더 깊고 실제적인 변화가 일어나는 것 또한 사실이다. 하나님의 사랑을 알 때에야 우리는 더욱 다정해진다. 하나님에게 매료되고 이끌릴 때 우리의 성향과 좋아하는 것들이 달라지고 우리의 행위 역시 그에 걸맞게 달라진다. 그 무엇보다 하나님을 더 열망하기 시작한다. 따라서 이러한 책을 읽는 것은 지적 유희가 아니다. 실제로 하나님의 이런 삼위일체적 본질을 아는 지식이 우리가 음악을 듣는 데서부터 기도하는 데까지 삶의 모든 부분에 영향을 미치는 것을 보게 될 것이다. 이는 결혼생활을 더욱 행복하게 하고 다른 사람을 더 따뜻하게 대하도록 하며 보다 나은 교회생활을 이끌어 낸다. 그리스도인에게 확신을 주고 거룩한 삶을 형성하며 우리를 둘러싼 세상을 바라보는 방식 자체를 변형시킨다. 이는 과장이 아니다. 삼위일체 하나님을 아는 지식은 삶을 그야말로 송두리째 뒤바꿔 놓는다.

터무니없고 생경한 교리?

물론 이러한 방식으로 이해하는 데 중요한 장애물이 있다. 삼위일체 교리가 즐거움이나 해결책으로 다가오지 않고 오히려 기이함이나 문제로 다가오는 것이다. 삼위일체 교리를 관념적으로만 이야기하는 사람들이 있는 것도 사실이다. 생각해 보자. 예를 들어, 어떤 사람들은 너무나 무리하게 들리는 비유를 든다. 삼위일체를 설명한다고 "삼위일체는 달걀과 비슷하다. 달걀은 껍질과 노른자와 흰자로 이루어지지만 어쨌든 하나의 달걀이다"라고 하는 사람이 있는가 하면, 다른 사람은 "아니다. 삼위일체는 세 조각이 하나의 잎을 이루는 클로버(토끼풀) 잎과 더 비슷하다. 딱 성부, 성자, 성령이다"라고 한다. 그러면서 왜 세상 사람들이 비웃는지 의아해한다. 그러나 삼위일체를 관목에 비유하든, 줄무늬 베이컨에 비유하든, 물H_2O의 세 가지 상태에 비유하든 혹은 머리 셋 달린 거인에 비유하든, 어쨌든 삼위일체에 대한 이야기들은 하나님에 대한 우리의 이해에 있어서 의미 없이 볼썽사납게 삐져나와 쳐내지 않고서는 직성이 풀리지 않을 기괴한

소리로 들리기 시작한다.

삼위일체가 이처럼 이상하고 기이한 괴물처럼 보이는 한, 사람들이 이 교리를 시대에 뒤떨어진 무의미한 것처럼 치부하는 것도 그리 놀랄 일이 아니다. 하나님이 달걀 같다는데 이보다 희한한 것에 대한 호기심이 어디 있는가? 나라면 이런 우스꽝스런 하나님에게 경외함으로 엎드리거나 마음이 끌리지는 않을 것이다. 하지만 어쨌든 많은 부분에서 이것이 바로 우리의 현재 모습이다. 삼위일체 교리를 정통신앙으로 인정할 수는 있을지라도 너무나 막연하고 난해해서 이를 통해 우리 삶에 어떤 실제적인 변화를 기대하기는 어려워 보인다. 다시 말해, 달걀을 빗대어 말하는 것과 같은 부류가 삼위일체를 설명하는 방식이 될 수는 없다.

삼위일체가 근본적으로 문제라는 생각을 강고히 하는 또 다른 방식은 단지 삼위일체가 아닌 것들만을 가지고 말하는 방식이다. 우리는 삼위일체를 "성부는 성자가 아니다", "성령은 성부가 아니다", "세 신이 존재하는 것이 아니다" 등으로 설명한다. 이 모든 것은 참이긴 하지만 공허한 의미만을 남겨 놓을 수 있다. 이를 가지고 온갖 종류의 고약한 이단들을 피해 왔지만, 정말 우리가 경배하는 분이 누구이고 어떠한지에 대해 궁금해하지는 않게 되었다.

"신비"라는 말을 보자. 이 말은 참으로 위로가 된다. 어떻게 하나님이 한분이면서 세 분일 수 있는지에 대해 전혀 감을 잡지 못하는 것에 대해 가히 그럴 만하다는 인상을 주기 때문이다. 우리는 가장 경건한 말투로 나지막이 "하나님은 신비다. 우리는 정말로 이를 알 수 있으리라고 생각지 않는다"고 속삭일 수 있다. 그러나 이런 정서는 경외감을 불러일으킨다는 면에서 높은 점수를 얻는 반면에, 정확성이라는 면에서는 아주 낮은 점수를 얻는다. 예를 들어 에베소서 3장에서 바울이 이방인도 구원에 포함되는 신비를 말할 때, 여기서 신비는 단순히 비밀을 뜻한다. 바울은 그 비밀을 우리와 나누었고 이제 우리는 그 비밀을 안다. 우리는 바울이 말하는 바가 무엇인지 궁금해하지 않아도 된다. 이제는 이방인들도 구원에 포함되었다. 이 신비에 대해 우리가 "신비롭다"고 할 만한 것은 없다.

하나님에 대해서도 마찬가지다. 하나님은 신비이지만 이 신비는 외계인에 의한 납치나 한밤중에 나는 으스스한 소리와 같은 것을 의미하지 않는다. 물론 "누가 하나님을 알 수 있는가? 뭣하러 귀찮게 그런 걸 묻는가?"라는 것도 아니다. 하나님이 신비라고 할 때, 이는 하나님이 누구이고 어떤 분인지는 마치 비밀과 같아서 우리 스스로는 이를 알아낼 수 없다는 말이다. 하지만 그런 삼위일체 하나님이 자신을 나타내셨다. 그렇기 때문에 삼위일체는 더 이상 "네모난 원"이나 "재미있는 신학자" 같이 도무지 이해가 안 되는 어리석고 무의미한 말이 아니다. 오히려 삼위일체 하나님이 자신을 계시하셨기 때문에 우리는 삼위일체를 이해할 수 있다. 하나님에 관한 지식을 살살이 다룬다거나, 다른 교리로 넘어가기 전에 단순히 몇 가지 지식을 구겨 넣어 하나님을 이해하고 우리의 머리를 그분으로 감싸버릴 수 있다는 말이 아니다. 삼위일체를 아는 것은 곧 영원하고 인격적인 하나님, 무한히 아름다워서 흥미롭고 매혹적인 하나님을 아는 것이다. 삼위일체는 우리가 알 수 있고 또 영원히 알아 갈 하나님이다.

삼위일체는 난제가 아니다. 삼위일체를 주목한다는 것이 곧 지도대로 가지 않고 위험하고도 불분명한, 무의미한 사변의 영역으로 떠나는 것을 뜻하지 않는다. 오히려 정반대다. 삼위일체에 빠져드는 것은 곧 다윗이 시편 27장에서 일생동안 다짐한 것을 행하는 것이다. 그리고 우리도 다윗이 느꼈던 대로 느끼기 시작하고 그가 했던 일들을 이룰 수 있기를 바란다.

비 내리는 오후의 따분한 수도사들

사람들이 삼위일체 교리에 대해 가지고 있는 또 다른 문제가 있다. 성경에는 이 말이 한 번도 등장하지 않는다. 이는 썩 달갑게 들리지 않는다. 이런 사실로 인해 삼위일체는 수도원에서 남아도는 시간을 주체하지 못한 신학자들이 궁리해 낸 전설이라는 말이 나왔다. 원래 단순하게 성경의 핵심을 추려 내면 성경은 단일신론을 말하고 있음에도 교회가 약간의 재간, 억지 추론, 수많은 철학적 속임수를 부려 복잡하고 난해한 삼위일체라는 요리를 만들어 냈다는 것이다.

하지만 역사는 그렇게 말하지 않는다. 일례로 사도 바울은 "예수 그리스도를 주라 시인하여 하나님 아버지께 영광을 돌리게 하셨느니라"라고 고백하는 데 아무런 거리낌이나 어려움이 없었다(빌 2:11). 기원후 50년의 성부, 성자, 성령 하나님 이해에서는 어떤 흐릿함이나 무지함도 발견할 수 없었다. 기원후 500년에 모두 정리된 것과 같았다. 나중에 교회 신학자들은 (삼위일체와 같이) 성경이 문자적으로 명시하지 않는 철학적인 용어와 단어들을 사용했지만, 그렇다고 해서 성경만으로는 부족한 것처럼 하나님의 계시에 무엇을 **더하려고** 하지는 않았다. 그들은 하나님이 누구신지에 대한 진리를 **성경에 드러난 대로** 표현하려고 했던 것이다. 특별히, 교회 신학자들은 이러저러한 방식으로 성경의 메시지를 왜곡하는 자들에 맞서 성경의 메시지를 보다 분명하고 확실하게 서술하려고 했는데, 그러기 위해서는 성경 메시지에 대한 왜곡이 등장할 때마다 이에 대응하기 위한 새로운 용어가 필요했다.

그래서 나는 의도적으로 삼위일체는 **성경의** 진리라는 것을 철저하고도 분명히 드러내기를 원한다. 심지어 이 책 각 장의 배치를 통해서도 이런 사실을 분명히 하려고 한다. 그래서 이 책을 읽어 가다

삼위일체는 정말 성경적인가?

"그렇다면 신명기 6:4이 말하는 것은 무엇이란 말인가?" 무슬림 독자들의 이런 볼멘소리가 들린다. "이스라엘아 들으라. 우리 하나님 여호와는 오직 **유일한**one 여호와이시니." 즉 셋이 아니라 하나인 여호와라고 한다는 것이다. 그러나 신명기 6:4의 요점은 "우리 하나님 여호와는 수학적으로 단일한 분"이 아니다. 신명기 6장 문맥을 볼 때 이런 이해는 그야말로 자다가 봉창 두드리는 격이다. 오히려 신명기 6장은 하나님의 백성은 여호와 하나님을 사랑의 **유일한** 대상으로 가진다는 사실을 강조하는 대목이다. 하나님만이 저들이 사랑하기에 합당한 유일한 분이시기 때문에 온 맘과 뜻과 힘과 정성을 다해 하나님만을 사랑해야 한다는 것이다(신 6:5). 신명기 6:4의 "유일한"(한분)이라는 말은 분명히 "수학적 단일성"을 전하는 말이 아니다. 예를 들어 이 말은 아담과 하와 **두** 사람이 **한** 몸을 이루는 것을 말하는 창세기 2:24에서도 쓰인다.

앞으로 이런 구절들을 성경에서 많이 보게 될 것이다. 그리고 이런 구절들을 통해 우리가 성경을 더 깊이 파고들수록 하나님은 정말 삼위일체로 존재 하신다는 사실을 분명히 더 깊이 알게 될 것이다.

보면 삼위일체를 숙고한 위대한 지성들이 한 말들을 많이 접하게 될 것이다. 그렇다고 그들이 종교적 진화를 통해 성경보다 어떤 진일보한 단계에 있다는 인상을 주는 것은 원치 않는다. 그들은 순전히 성경이 계시하는 삼위일체 하나님을 증거하는 전령이었다.

기독교 신앙의 독특함

그렇다면 기독교 신앙에서 삼위일체는 정확히 얼마나 중요한가? 기독교 신앙의 달콤한 디저트—있으면 좋지만 없다고 해서 문제될 것은 없는 것—인가 아니면 메인 요리인가? 5세기 혹은 6세기 즈음의 신앙고백인 아타나시우스 신조^{Athanasian Creed}가 발하는 우렛소리를 들어 보라. 아타나시우스 신조는 이렇게 시작한다. "누구든지 구원받기를 원하는 사람은 무엇보다도 보편교회의 신앙(교회의 정통신앙)이 있어야 한다. 이 신앙을 완전무결하게 유지하지 못하는 사람은 의심할 여지 없이 영원한 멸망을 받을 수밖에 없다. 보편교회의 신앙은 이것이다. 우리는 삼위일체이신 한분 하나님, 한분이신 삼위일체 하나님을 예배한다."

오늘날 사람들에게는 삼위일체를 필요 이상으로 지나치게 강조하는 말로 들릴지 모르겠다. 삼위일체를 믿지 않으면 "영원한 멸망"을 받는다고? 그럴 수 없다. 이건 너무 심하다. 그렇지 않은가? 삼위일체를 "그리스도인들이 믿는 내용" 목록에 표현시킨 것은 참 잘한 일이지만, 그래도 우리의 구원이 삼위일체에 달려 있다고 하는 것은 터무니없이 부풀린 공갈이라는 인상을 준다. 어떻게 그렇게 미묘한 것이 "무엇보다도" 구원에 필요한 것이란 말인가?

그럼에도 아타나시우스 신조가 가진 단호한 배짱은 우리에게 기독교 신앙의 핵심이 무엇인지 묻도록 한다. 다른 모든 사람들 앞에서 반드시 선포되어야 할 **우리의** 신앙고백은 무엇인가? 오직 은혜로 얻는 구원인가? 십자가에서 이루어진 그리스도의 속죄인가? 그리스도의 몸의 부활인가? 물론 이런 모든 것들은 바울이 말한 "가장 중요한" 것들이고(고전 15:3) 복음의 본질과 정수가 되는, 결코 포기해서는 안 될 믿음의 핵심 내용인 것은 두말할 필요가 없다. 그렇지만 이런 내용들이 "모든 것보다" 앞선다고 할 수는 없다. 이것들 스스로 기독교 복음을 복음 되게 하는 것은 아니다. 여호와의 증인^{Jehovah's} ^{Witnesses} 역시 그리스도의 희생적 죽음을 믿을 수 있다. 몰몬교도 역시 그리스도의 부활을 믿을 수 있다. 은혜로 얻는 구원을 말하는 종교도 많다. 그렇다. 간혹 표면적으로 비슷한 경우가 있다. 하지만 이런 사실은 다른 신앙 체계와 공유하는 기독교 신앙의 내용들은 기독교 복음을 받치는, "모든 것보다 앞선" 진리의 토대가 될 수는 없다는 것을 보여준다.

이런 유사함이 있다고 해서 당혹스러워할 필요는 없다. 기독교 신앙을 다른 종교와 구별되게 하는 것은 도둑맞지 않았다. 기독교 신앙을 절대적으로 구별되게 하는 것은 우리가 믿는 하나님의 정체성이다. 우리는 **어떤** 하나님을 예배하는가 하는 신앙고백이 모든 다른 것들 앞에 자리한다. 우리 믿음의 토대는 그야말로 하나님 자신이고,

개신교 불교도들

프란시스 하비에르Francis Xavier는 아시아로 파송된 로마 가톨릭 선교사였다. 1549년 일본에 도착한 하비에르는 어떤 불교의 한 종파Yodo Shin-Shu, 정토진종와 만나게 되는데, 그 종파는 하비에르가 말하길 "루터파 이단" 냄새가 나는 종파였다. 즉, 종교개혁자 마르틴 루터Martin Luther와 같이 이 불교도들은 인간의 공로가 아닌 은혜로만 구원을 얻는다고 믿었다는 것이다. 그들은 자신을 믿는 대신에 단지 아미타불Amida을 믿는 것만으로 정토에서 새롭게 출생할 수 있다고 주장했다. 아미타불의 이름을 부르기만 하면 우리의 모든 실패에도 불구하고 그가 이룬 모든 것이 우리 것이 된다고 가르쳤다.

물론 여기서 그들이 말하는 "구원"은 기독교의 구원과는 전혀 다르다. 저들이 말하는 구원은 아미타불을 알거나 아미타불이 자신을 아는 것과 상관이 없다. 저들이 말하는 구원이란 깨달음을 얻고 열반에 이르는 것이다. 그렇더라도 오직 다른 이를 믿어 그의 덕과 성취 덕분에 구원을 얻는다고 생각한 것은 맞다.

복음이 담고 있는 각각의 모든 측면들—창조, 계시, 구원—은 단지 이 삼위일체 하나님이 이루신 창조와 계시와 구원이라는 점에서 기독교적인 것이라 할 수 있다. 나는 예수라 불렸던 사람의 죽음을 믿을 수도 있고 그의 몸이 부활했다는 것도 믿을 수 있으며 심지어 오직 은혜로만 구원을 얻는다는 사실을 믿을 수도 있다. 하지만 내가 삼위일체 하나님을 믿지 않는다면, 간단히 말해 나는 그리스도인이 아니다. 또한 기독교의 하나님은 삼위일체 하나님이시기 때문에, 삼위일체는 모든 기독교 신앙고백을 지배하는 중심이자 다른 모든 것들을 형성하고 아름답게 하는 진리다. 삼위일체는 모든 기독교적 사고를 위한 방향타다.

그냥 "하나님"이라고 하면 안 되나?

희한하게도 하나님이 누구시고 어떤 분이신지에 대해서는 우리가 이미 알고 있기 때문에 더 이상 생각할 필요가 없다고 생각하는 경향이 있다. 특별히 수 세기 동안 하나님이 누구신지에 대한 정의가 꽤 보편적으로 일치해 온 것처럼 보이는 서양의 후기 기독교 시대에는 이런 경향이 더욱 확연히 드러난다. 그래서 그리스도인들은 마치 하나님에 대한 생각이 매우 자명해서 우리가 하나님에 대해 모두 같은 생각을 갖고 있다고 생각하면서, 비그리스도인들에게 "하나님"을 믿는지 묻는다.

그러나 우리의 기대와 전제에 따라 하나님을 조각해 내고, 하나님을 다른 사람들이 생각하는 하나님과 비슷하게 만들려는 유혹이 얼마나 강한지 모른다. 지금까지의 역사를 보아도 이런 사실을 확인할 수 있다. 중세 시대 사람들은 분명 하나님을 봉건 영주처럼 생각했던 것 같다. 바이킹족에게 처음 기독교를 전한 선교사들은 그리스도를 전사인 하나님, 도끼를 휘두르는 성스러운 용사 곧 오딘(북유럽 신화에 나오는 신—옮긴이)을 능가하는 오딘으로 제시한 것으로 보인다. 이 외에도 많은 예들이 있다. 문제는 삼위일체 하나님에 대한 이해는 다른 어떤 신에 대한 이해와도 맞지 않는다는 것이다. 사람들에게 있는 구체적이지 않은 "하나님" 이해에 그럭저럭 맞추려고 하다 보면, 우리는 곧 **다른** 하나님과 함께 있는 자신을 발견하게 될 것이다.

아이러니하게도 이것 때문에 종종 우리는 삼위일체와 더불어 버둥거리게 된다. 처음부터 삼위일체 하나님을 여타 다른 "하나님" 후보자와는 근본적으로 다른 하나님으로 이해하는 대신에, 우리가 항상 생각해 온 하나님에 성부, 성자, 성령을 욱여넣으려고 하는 것이다. 대개 서양에서는 하나님에 대해 이미 미묘하게 정의를 내렸다. 하나님은 한 인격이고 셋이 아니라는 것이다. 그래서 삼위일체를 대할 때 가외의 두 인격을 우리의 하나님 이해에 억지로 집어넣으려고 하는 것처럼 느껴질 때가 있다. 아무리 약하게 말해도, 삼위일체는 상당히 어렵다. 그래서 그냥 지나쳐 버리기 일쑤다. 삼위일체는 어색하게 부록처럼 남게 되었다.

하나님을 자신의 가정대로 맞추는 데 너무나 익숙해진 나머지 우리의 정신은 우리가 기대하는 것과 다른 하나님 이해를 간단히 거부해 버린다. 우리는 하나님을 삼위일체 하나님보다 단순한 존재, 곧 단일한 인격을 가진 하나님이라고 생각한다. 어쩌면 이는 단지 삼위일체에 대한 산술적인 잘못으로 치부하고 넘어갈 일이 아니다. 전혀 예기치 않은 종류의 하나님을 하나님의 자리에 두는 일이기 때문이다.

이는 단순히 우리가 살아 계신 하나님을 자신이 고안한 신들로 재빨리 대체한다는 말이 아니다. 세상은 이미 셀 수 없이 많은, 종종 현저히 다른 "하나님" 후보자들로 가득 차 있다. 선한 후보자가 있는가 하면 그렇지 않은 후보자도 있다. 인격적인 후보자가 있는가 하면 그렇지 않은 후보자가 있다. 전능한 후보자가 있는가 하면 그렇지 않은 후보자가 있다. 성경을 보면 알듯, 이스라엘의 하나님과 바알, 다곤, 몰렉, 아데미는 완전히 다르다. 아니면 일례로, 쿠란은 예수님이 말씀하신 하나님과 알라를 명백하고도 날카롭게 구분하고 있다.

> "삼위일체"를 말하지 말라. 거부하라. 그것이 너희에게 복이 되리라. 실로 하나님은 단 한분이시다. 그분께 영광을 돌려라. 그분은 아들을 가질 분이 아니다(하나님은 훨씬 뛰어난 분이다).[1]

> 일러 가로되, "알라는 단 한분이시고,
> 만물이 알라께 의존되어 있고,
> **낳지도 않고, 나오지도 않았으며,** He begets not, nor is He begotten
> 그분과 대등한 것이 세상에 없노라."[2]

바꾸어 말하면 알라는 단일 위격의 하나님이란 소리다. 결코 성부도 아니고(낳지도 않고), 결코 성자도 두지 않는다(나오지도 않았다). 한 위격이지 세 위격이 아니다. 그렇다면 알라는 성부, 성자, 성령이신 하나님과는 전혀 다른 부류다. 단순히 양립할 수 없는 숫자의 차이를 다루는 것이 아니다. 앞으로 보게 되겠지만 이 차이는 곧 알라는 성부, 성자, 성령과는 완전히 다른 방식으로 존재하고 기능한다는 의미다.

사실이 그러하기에, 하나님에 대한 어떤 생각을 추정해 놓고 여기에 만족하는 것은 아주 어리석은 일이다. 어떤 하나님이 참 하나님인지 명확히 하지 않는다면, 우리는 어떤 하나님에게 예배를 드리겠는가? 우리가 사람들을 불러 예배하게 하는 하나님은 어떤 하나님인가? 사람들이 하나님에 대해 저마다 다른 선입견을 가지고 있다면, 단지 어떤 일반적인 "하나님"에 대해 추상적으로 말해서는 안 될 것이다. 이것이 우리에게 시사하는 바는 무엇인가? 우리가 단지 유일신론으로 만족하고 우리가 하나님에 대해 말하는 말들이 삼위일체뿐 아니라 알라에도 적용될 수 있을 만큼 모호하다면, 우리는 기독교 신앙이 가진 근본적이고도 유쾌한 차이를 결코 누리거나 나누지 못할 것이다.

경이로운 즐거움

우리가 따분하거나 현실과 괴리된 기이한 것이라 추정하는 사실이 기독교 신앙이 가진 모든 좋은 것의 원천으로 드러나는 것보다 더 큰 아이러니는 없을 것이다. 이건 문제라거나 전문적으로 다루어야 할 사안이 아니다. 하나님이 삼위일체로 계신다는 사실은 그리스도인의 삶과 기쁨에 생명을 주는 산소와도 같다. 그런 만큼 이 책을 통해 성부와 성자와 성령을 아는 지식이 당신의 삶을 생기로 넘쳐나게 하기를 희망하고 기도한다.

1

창세전 하나님은 무엇을 하고 계셨는가

아버지께서 창세전부터 나를 사랑하시므로
내게 주신 나의 영광을 그들로 보게 하시기를 원하옵나이다.

요한복음 17장 24절

어두운 길과 밝은 길

하나님에 대해 생각하는 두 가지의 아주 다른 길 또는 접근법이 있다. 첫 번째 방식은 산양들이 다니는 미끄럽고 가파른 절벽길과 같다. 폭풍이 몰아치고 있으며 달도 없는 밤이다. 지진이 일어나고 있다. 이 길은 인간이 자신의 지적 능력으로 하나님을 이해하려는 것이다. 나는 주위를 둘러보며 모든 것들은 분명 어딘가로부터 비롯된 것이 틀림없다고 느낀다. 이 모든 것을 있게 한 누군가 혹은 무언가가 분명히 있고, 나는 그 누군가를 하나님이라고 부를 것이다. 그 하나님은 모든 것들을 있게 했지만, 자신은 어떤 것으로부터 나오지 않았다. 하나님은 원인 없는 원인the uncaused cause이다. 그렇다. 하나님은 본질적으로 만물을 주관하는 창조자다.

이의를 제기할 수 없을 만큼 지극히 이성적이고 타당하게 들린다. 하지만 내가 이를 하나님에 대한 근본 이해로 삼고 여기에서 출발한다면, 내가 가진 기독교 신앙이 온통 끔찍한 유독성의 방사능 낙진으로 뒤덮여 있다는 것을 알게 될 것이다. 무엇보다 창조주와 통치자가 하나님의 근본적인 정체성이라고 한다면 하나님이 하나님 되기 위해서는 다스릴 피조물이 있어야 한다. 하나님이 우주적인 능력이 있더라도, 이런 하나님은 측은할 정도로 유약한 존재로 드러난다. 우리를 **필요로 하기** 때문이다. 그렇다고 이런 하나님에 대해 애석한 마음을 갖기도 힘들 것이다. 제2차 세계대전의 여파 속에서, 20세기 스위스 신학자 칼 바르트[Karl Barth]는 이런 사실을 다음과 같이 원색적으로 표현했다.

> 아마 여러분은 히틀러가 언제 어떻게 하나님을 말하곤 했는지 기억할 것이다. 그는 하나님을 "전능자"[the Almighty]라고 불렀다. 그러나 그런 "전능자"가 하나님은 아니다. 능력에 대한 최고의 개념을 가지고 하나님이 누구인지 이해할 수는 없다. 그리고 이런 "전능자"를 하나님이라고 부르는 사람은 하나님을 최악의 방식으로 놓치는 것이다. 왜냐하면 "전능자"는 "능력 그 자체"가 악한 것처럼 악하기 때문이다. 이런 "전능자"는 혼돈, 악, 마귀를 의미한다. 자존하고 자유롭고 주권적인 능력을 가진 것으로 이런 개념을 생각하려 하는 것보다 마귀를 더 잘 정의하고 묘사하는 방법도 없을 것이다.[1]

지금 바르트가 하나님의 전능하심을 부인하는 것은 분명 아니다. 오히려 바르트는 하나님이 단지 능력이기만 한 것이 아님을 분명히 하고 싶어 했다.

하지만 문제는 여기서 그치지 않는다. 하나님의 본질적인 정체성이 지배자라면, 그런 하나님이 우리에게 주는 구원은 어떤 종류의 것이겠는가?(심지어 그런 것을 줄 준비가 되었다고 가정할 때 말이다.) 만약 하나님이 지배자이고 내가 그의 지배 규칙들을 거스른 것이 문제라고 한다면, 그가 줄 수 있는 구원이라고 해봐야 나를 용서하고 그의 규칙들을 다 지킨 것처럼 대하는 것이 전부일 것이다.

그러나 만약 하나님이 나에게 그런 존재라면 나와 하나님과의 관계는 내가 여느 교통경찰을 대하는 것보다 나을 것이 없어 보인다(교통경찰 독자를 불쾌하게 하려는 의도로 하는 말이 아니다). 이렇게 말해 보자. 일어나서는 안 될 일이겠지만, 내가 과속으로 교통법규를 위반하다가 적발되면 나는 그에 상응하는 처벌을 받아야 한다. 역시 일어나서는 안 될 일이겠지만, 내가 그렇게 운전하더라도 경찰관이 나를 보지 못하거나 추격전 끝에 용케 경찰관을 따돌리는 데 성공하면 아무런 처벌을 받지 않을 것이다. 하지만 어느 경우라도 내가 그 교통경찰을 사랑하게 될 리는 없다. 설령 그 교통경찰이 하나님처럼 법규를 어긴 나를 그냥 보내 주기로 한다고 할지라도, 나는 여전히 그를 사랑하지는 않을 것이다. 물론 고마워할 수도, 그것도 아주 많이 고마워할 수도 있다. 그러나 그것을 사랑과 같다고 할 수는 없다. 그리고 그것은 신성한 경찰관이라 하더라도 마찬가지다. 구원이 단지 나를 죄의 형벌에서 풀어주고 법을 잘 준수하는 모범 시민으로 간주하는 것이라면, 내가 얻은 것에 대해 고마워할 수는 있을지언정 사랑하지는 않을 것이다. 다시 말해, 하나님이 본질적으로 정의로운 통치자에 불과하다면 나는 결코 하나님을 사랑하는 데에 이르지는 못할 것이다. 얄궂게도 첫 번째 계명인 "여호와 하나님을 사랑하라"

는 말씀을 결코 지키지 못한다는 말이다. 산양들이 다니는 길과 같은 어둡고 비탈진 길을 통해 다다르는 곳이란 이처럼 냉랭하고 음울하기만 할 뿐이다.

하나님에 대해 생각하는 또 다른 길은 앞에서 말한 것과 달리 가로등이 불을 환히 밝히고 있는 잘 닦인 길이다. 이 길은 다름 아닌 하나님의 아들 예수 그리스도다. 사실 이 길이 진짜 길이다. 이 길은 행복하게도 전혀 다른 곳, 전혀 다른 종류의 하나님께 다다르는 길이다. 어떻게 그렇게 될 수 있는가? 예수님이 바로 하나님의 "아들"이시라는 사실이 모든 것을 말해 준다. 아들이라는 말은 그에게 아버지가 있다는 말이다. 무엇보다 하나님이 바로 그 아버지시라고 예수님이 친히 말씀하신다. "예수께서 이르시되 내가 곧 길이요 진리요 생명이니 나로 말미암지 않고는 아버지께로 올 자가 없느니라"(요 14:6). 하나님이 아들을 통해 무엇보다 자신을 창조자나 통치자가 아닌 아버지로 계시하신 것이다.

이런 사실을 잘 이해하기 위해서는 창조 이전에 하나님이 무엇을 하고 계셨는지를 물으면 된다. 어두운 비탈길을 따라가는 사람들에게는 터무니없는, 답할 수 없는 물음처럼 들릴 것이다. 그들의 가장 현명한 신학자들조차 경멸조로 이렇게 대답한다. "창조 전에는 하나님이 무엇을 하고 계셨냐고? 그런 주제 넘은 질문을 하는 당신 같은 자들을 위해 지옥을 만들고 계셨다!" 하지만 밝은 길을 가는 사람들에게는 사실 이보다 단순한 물음도 없다. 요한복음 17:24에서 예수님이 분명하게 말씀하시기 때문이다. "아버지께서 창세전부

삼위일체 교리를 위해 싸운 아타나시우스

4세기 초 이집트 북부 알렉산드리아의 신학자 아리우스[Arius]는 성자는 피조된 존재요 참 하나님은 아니라고 가르치기 시작했다. 만물의 기원과 원인인 하나님은 다른 어떤 것을 원인으로 해서 존재할 수 없다고 믿었기 때문이다. 그래서 아리우스는 "원인 없는"[Uncaused] 혹은 "시작되지 않은"[Unoriginate]이라는 말이 하나님이 누구인지를 말하는 가장 좋은 기본 정의라고 주장했다. 반면에 성자는 성부의 아들로서 성부로부터 존재를 받은 것이 틀림없고, 그렇기 때문에 아리우스의 결론에 따르면 그런 성자는 하나님일 수 없었다.

　　이런 주장은 많은 사람들을 설득했다. 하지만 그와 동시대를 살았던 탁월한 젊은 지성인 아타나시우스[Athanasius]를 설득하지는 못했다. 아리우스가 하나님에 대한 잘못된 기본 정의로부터 신학을 시작했다고 믿은 아타나시우스는 그의 남은 생애를 아리우스의 생각이 건강한 그리스도인의 삶에 얼마나 해로운지 보여주는 데 전념했다.

　　이것은 그래도 점잖게 말한 것이다. 사실 아리우스의 가정은 아타나시우스로 인해 그야말로 맥을 못 추게 되었다. 하나님이 자신을 계시하지 않고서 하나님이 누구인지 어떻게 알 수 있단 말인가? 아타나시우스는 "성자를 통해 하나님을 알고 그분을 아버지라 부르는 것이 하나님의 외적인 사역들만을 가지고 하나님을 말하고 그분을 시작되지 않은 존재라 부르는 것보다 훨씬 경건하고 정확하다"고 주장했다.[2] 즉, 하나님을 생각하는 올바른 방식은 "원인 없는"이나 "시작되지 않은"과 같은 어떤 추상적인 개념이 아니라 하나님의 아들 예수 그리스도와 함께 시작하는 것이다. 사실 우리는 하나님을 주로 창조자로 이해하는 데서(하나님의 외적인 사역들만을 가지고 그분을 말하는 데서) 출발해서는 안 된다. 앞에서 말한 것처럼 그렇게 하는 것은 하나님을 자신의 피조물에 의존하는 분으로 만드는 것이다. 하나님은 성자가 계시하신 하나님을 토대로 정의해야 한다. 우리가 이와 같이 할 때 곧 성자와 더불어 시작할 때, 신조와 같이 하나님에 대해 첫 번째로 고백할 내용을 알게 된다. "우리는 한분 하나님, 성부를 믿습니다."

이렇게 하나님에 대한 기본 이해와 출발점이 서로 다른 관계로 아타나시우스가 설교한 복음은 아리우스가 설교한 복음과는 그 느낌과 맛이 전혀 다르다. 아리우스는 "시작되지 않은 이"에게 기도해야 했을 것이다. 하지만 과연 "시작되지 않은 이"가 그의 기도를 듣기나 하겠는가? 반면에 아타나시우스는 "우리 아버지"라고 기도할 수 있었다. "시작되지 않은 이"와 함께라면 우리는 철학 강의실에서 사전이나 이리저리 뒤적거려야 할 것이다. 아버지와 함께한다는 것은 가족적이라는 말이다. 하나님이 아버지라면 하나님은 분명 우리와 관계가 있고 우리에게 생명을 주시는 분이며, 그런 하나님이야말로 우리가 사랑할 수 있는 분이다.

터 나를 사랑하시므로." 이 분이 바로 예수 그리스도를 통해 계시된 하나님이다. 창조 사역을 시작하기도 전에, 세상을 통치하기도 전에, 다른 무엇보다도 이전에 이 하나님은 자기 아들을 사랑하시는 아버지셨다.

사랑이 풍성하신 아버지

하나님에 대한 가장 근본적인 사실은 그분은 어떤 추상적인 특질이 아닌 아버지라는 것이다. 성경은 반복해서 "하나님"과 "아버지"라는 말을 동일하게 다룬다. 출애굽기에서 하나님은 이스라엘을 "내 장자"라고 부른다(출 4:22, 또한 사 1:2, 렘 31:9, 호 11:1을 보라). 하나님은 자기 백성을 "사람이 자기의 아들을 안는 것 같이" 인도하시고 (신 1:31), 또 저들을 "사람이 그 아들을 징계함 같이" 훈련하신다(신 8:5). 하나님은 자기 백성을 부르사 "아비가 자식을 불쌍히 여김 같이 여호와께서 자기를 경외하는 자를 불쌍히" 여기신다고 하신다(시 103:13). 또 "'내가 어떻게 하든지 너를 자녀들 중에 두며 허다한 나라들 중에 아름다운 기업인 이 귀한 땅을 네게 주리라' 하였고 내가 다시 말하기를 '너희가 나를 나의 아버지라 하고 나 이니라' 하였노라"고 하신다(렘 3:19, 또한 렘 3:4, 신 32:6, 말 1:6을 보라).

그래서 이사야는 "주는 우리 아버지시라.……여호와여, 주는 우리의 아버지시라"고 기도한다(사 63:16, 또한 사 64:8을 보라). 또한 구약성경에서 유명한 이름 가운데 하나가 "아비야"[Abijah]다. "주는 내 아버지"라는 뜻이다. 그래서 예수님도 계속해서 하나님을 "아버지"라 부르고, "우리 아버지"께 기도하도록 가르치신다. 예수님은 또한 제자 들에게 "내가 내 아버지 곧 너희 아버지, 내 하나님 곧 너희 하나님께 로 올라간다"고 말씀하신다(요 20:17). 바울과 베드로도 하나님을 일 컬어 "하나님 곧 우리 주 예수 그리스도의 아버지"라고 고백한다(롬 15:6, 벧전 1:3). 바울은 "한 하나님 곧 아버지"라고도(고전 8:6), 또 "하 나님 우리 아버지와 주 예수 그리스도"라고도 쓴다(고전 1:3). 히브리 서 기자는 "하나님이 아들과 같이 너희를 대우하시나니 어찌 아버지 가 징계하지 않는 아들이 있으리요"라고 한다(히 12:7).

만물이 있기 전부터 하나님은 창조자와 통치자시기 이전에 이 미 아버지셨고, 이런 하나님이 일하시는 모든 방식은 아름답고도 자 애롭기 그지없다. 낮에는 본업인 아버지로 "계시다가" 저녁에는 다 시 원래의 하나님으로 돌아와 쉬는 방식이 아니다. 하나님이 아버지 시라는 말은 케이크 위에 아버지다운 아이싱을 방울방울 얹어 놓는 것을 말하는 것도 아니다. 하나님은 **원래** 아버지시다. 처음부터 마지 막까지 아버지시다. 그러므로 그분이 하시는 모든 일은 아버지로서 하시는 것이다. 하나님은 바로 이런 분이시다. 아버지로서 창조하시 고 아버지로서 다스리신다. 이 말은 곧 하나님이 피조물을 다스리는 방식은 하나님이 아버지가 아닌 다른 존재로서 천지를 다스리는 것 과 전혀 다를 수밖에 없다는 말이다. 이런 사실을 깊이 절감한 프랑 스의 종교개혁자 칼빈John Calvin은 다음과 같이 썼다.

우리는 바로 (창조에 나타난) 만물의 순서 안에서 하나님의 부성적인 사랑을 힘써 숙고해야 한다.……하나님은 앞을 내다보며 열심히 일하는 한 가족의 아버지로서 책임을 다하셔서 우리에 대한 자신의 탁월한 선하심을 보여주셨다.……마지막 결론으로, 우리가 하나님을 천지의 창조주로 부를 때마다, 동시에 우리는 정말 그분의 성실한 보호 아래 양육되고 교육받는 자녀로 받아들여졌다는 사실을 명심하기로 하자.……이처럼 하나님의 은혜와 선하심으로 말미암은 크신 친밀함으로 부름받았으니, 전심으로 그분을 사랑하며 섬기기를 궁구하자.[3]

깊은 통찰이다. 왜냐하면 우리는 하나님이 자신의 피조물을 마치 다정하고 사랑 넘치는 아버지처럼 다스리신다는 사실을 알 때에야 비로소 그분의 섭리를 기뻐하는 데까지 이를 것이기 때문이다. 우리는 어떤 하늘 경찰관의 통치가 정의롭다는 사실 정도는 인식할지 모르지만, 그 정도라면 우리는 그의 통치 안에서 결코 아버지의 따뜻한 보살핌을 받는 것과 같은 즐거움을 누리지는 못할 것이다.

그렇다면 하나님이 아버지시라는 말은 무엇을 뜻하는가? 우선, 하나님이 아버지시라는 말에는 실제로 중요한 의미가 있다. 모든 이름이 다 그런 의미를 갖는 것은 아니다. 우리 집에 있는 개는 맥스라고 불린다. 하지만 이 개를 그렇게 부른다고 이 개에 대해 알 수 있는 것은 하나도 없다. 이름만 가지고는 이 개가 어떤 개인지 알 길이 없다. 하지만 대상을 달리해 보면, 성부는 아버지라 불리는데 이는 그분이 정말 아버지시기 때문이다. 아버지는 생명을 주는 존재, 자녀를

"아버지"가 안 좋은 존재일 때

하나님이 아버지시라는 생각이 누구에게나 본능적으로 따뜻하게 다가가는 것은 아니다. 위압적이고 무정하며 학대하는 아버지에 대한 경험을 가진 사람들은 하나님이 아버지와 같다는 이야기를 들었을 때 아주 당혹스러워할 것이다. 20세기 프랑스 철학자 미셸 푸코Michel Foucault가 바로 그중 한 명이다. 일생 동안 그가 쓴 저작들의 상당량은 권위의 폐해에 관한 내용인데, 이 모든 것은 그의 인생에서 첫 번째 권위라고 할 만한 사람에게서 시작된 것으로 보인다. 그 권위는 바로 그의 아버지다. 의사였던 푸코의 아버지는 아들이 너무 여린 것을 우려한 나머지, 어린 푸코를 아주 강하게 키우고자 했다. 이를테면 절단 수술을 받는 환자가 있을 때는 잔인하게도 강제로 그 과정을 지켜보도록 했다. "확실히 그 이미지들은 고스란히 내가 계속해서 시달리는 악몽의 재료가 되었다. 가학적인 아버지, 속절없이 받아들일 수밖에 없는 아이, 예리하게 살 속을 파고드는 메스, 뼈까지 절단된 신체, 가장의 절대적인 권위를 인정할 것을 강요함, 남자다움을 시험당하는 가운데 오는 이루 말할 수 없는 모멸감을 느끼는 아들."[4]

푸코에게 부모의 권위는 자녀를 돌보고 양육하며 복 주는 데 사용되는 것이 아니었기에, 아버지라는 말은 그의 내면에서 수많은 어두운 이미지들과 결합되었다.

이런 아버지 슬하에서 자라는 아이들을 생각하면 가슴이 아프다. 물론 그렇게 가슴 아파하는 우리들 역시 스스로 완전한 아버지와는 거리가 멀다는 사실을 알고 있다. 그러나 하나님을 아버지로 부르는 것은 하나님이 이 땅의 아버지들을 닮았기 때문이 아니다. 그분은 당신 아버지의 모습을 강화하여 만들어 낸 버전이 아니다. 이 땅의 아버지들이 저지르는 무수한 실패를 하나님에게 이입하는 것은 그 자체로 잘못이다. 오히려 그 반대여야 한다. 모든 인간 아버지들은 하나님 아버지를 **반영해야 한다**. 그렇게 하나님 아버지를 잘 반영하는 아버지들이 있는가 하면, 마귀의 모습을 더욱 잘 반영하는 아버지들도 있다.

낳는 존재다. 이러한 이해는 우리가 갖는 모든 하나님에 대한 생각 속에 있는 다이너마이트와도 같다. 만물이 있기 전부터 하나님이 영원히 아버지시라면 이 하나님은 본질적으로 사귐의 하나님, 생명을 주는 하나님이다. 천지를 창조하기로 마음먹고 처음 생명을 주신 것이 아니라 영원 전부터 생명을 주시는 분으로 계셨다는 말이다.

요한일서 4장에서 이런 사실이 분명히 드러난다. "사랑하는 자들아, 우리가 서로 사랑하자. 사랑은 하나님께 속한 것이니 사랑하는 자마다 하나님으로부터 나서 하나님을 알고 사랑하지 아니하는 자는 하나님을 알지 못하나니 이는 하나님은 사랑이심이라"(요일 4:7-8).

지인 가운데 매료되지 않을 수 없을 정도로 기품 있고 친절하며, 따뜻하고 너그러운 마음을 갖고 있어서 많은 시간을 함께 보내지 않았음에도 당신의 생각과 느낌과 행동에 영향을 끼치는 사람이 있는가? 그 사람이 참석한 자리에 있다는 것만으로도, 혹은 잠깐이지만 함께 있는 것만으로도 기분이 좋아지는 사람이 있는가? 나에게도 그런 사람이 있다. 요한에 따르면, 그런 사람들은 하나님이 어떤 분이신지를 보여주는 작은 그림들이다. 요한은 이 하나님은 사랑이시라고 하는데, 사랑은 너무나 심오하고 강한 길이어서 사랑하지 않는 자는 하나님을 알지 못한다고 한다.

이것이 바로 정확하게 하나님은 아버지시라는 말이 뜻하는 바다. 요한이 8절 말미에서 "하나님은 사랑이시라"고 할 때 그는 분명히 아버지이신 하나님을 말하고 있다. 바로 다음 절인 9절에서 요한은 "하나님의 사랑이 우리에게 이렇게 나타난 바 되었으니 **하나님이**

자기의 독생자를 세상에 보내심은"이라고 말한다. 사랑이신 하나님은 아들을 보내신 아버지시다. 그렇다면 하나님이 아버지시라는 말은 곧 사랑하시고 생명을 주시며 성자를 낳으신다는 것을 가리킨다. 무엇보다 이 하나님은 영원히 사랑하시고 생명을 주시며 성자를 기뻐하시는 아버지였다.

이런 사실 때문에 예로부터 많은 신학자들은 성부를 샘에 비유하기를 좋아했다. 다함이 없이 항상 생명과 사랑으로 솟아나는 샘 말이다(그렇다. 하나님은 예레미야 2:13에서 스스로를 일컬어 "생수의 근원"이라 하시고, 이 이미지는 계속해서 성경에 등장한다). 샘이 샘으로 불리기 위해서는 항상 생수가 솟아나야 하는 것처럼, 성부 또한 아버지로서 생명을 주시는 분이어야 한다. 하나님은 바로 이런 분이시다. 이것이 하나님이 가지신 가장 근원적인 정체성이다. 이처럼 성부의 사랑은 단지 그분께서 가지신 많은 감정 가운데 하나가 아니다. 그분 자체가 바로 사랑이시다. 그분은 사랑하시지 않는 분일 수 없다. 사랑하시지 않는 분이라면 아버지실 수 없다.

"내 마음에 기뻐하는 자 곧 내가 택한 사람"

이제, 사랑할 대상이 없다면 하나님은 사랑이실 수 없다. 자녀가 없으면 아버지실 수 없는 것과 마찬가지다. 그렇다고 하나님이 누군가를 사랑하시기 위해 창조 사역을 하셨다는 말은 아니다. 하나님은 사랑이시지만, 사랑의 하나님이 되시기 위해 무엇을 지으실 필요는 없는 분이시다. 하나님이 사랑하시기 위해 무언가를 지으셔야 한다면, 그분은 외로운 존재일 것이다! 우리는 그런 하나님을 "불쌍하고 나이 많은 하나님"이라고 할지도 모른다. 하나님이 하나님이기 위해 우리를 지으셔야 했다면, 우리가 하나님에게 생명을 드린다고 할 수 있을 것이다.

요한복음 17:24에서 성자 예수님은 단연코 그렇지 않다고 한다. "아버지께서 창세전부터 나를 사랑하시므로." 골로새서 1장에 따르면 영원한 성자가 만물보다 먼저 계셨다(골 1:17). 그리고 이 아들을 통해 "만물이 창조"되었다(골 1:16). 히브리서 1장은 성자를 일컬어 "땅의 기초를 두신" "주"와 "하나님"이라고 한다(히 1:10). 성자는 창세전부터 성부의 사랑받는 아들이시다. 그렇다면 성부는 영원한 성자의 아버지시다. 이 아버지께서는 자신의 생명과 존재를 성자에게 주심으로 자신의 정체성 곧 자신의 아버지 되심을 찾으신다.

성자가 **영원한** 아들이시라는 사실에 주목할 중요한 이유가 바로 여기 있다. 아들이 존재하지 않았던 때는 없었다. 만약 그런 때가 있었다면 하나님은 전혀 다른 존재일 것이다. 아들이 없던 때가 있다는 말은 하나님이 아버지가 아니었던 때가 있었다는 말이다. 그렇다면, 하나님이 오래전에는 사랑할 대상 없이 홀로 계셔야 했기 때문에 사랑이 아니었다는 말이 된다. 4세기 신학자인 닛사의 그레고리 Gregory of Nyssa는 히브리서 1:3을 주해하면서 이렇게 말한다.

등燈에서 나온 빛이 그 밝음을 발산하는 등의 본성에 속해 있고 또한 연합되어 있는 것처럼(등이 나타나자마자 등에서 나오는 빛이 동시에 빛나는 것처럼), 사도는 여기서 성자는 성부에 속해 있고, 성부는 결코 성자 없이 존재하지 않는다는 사실을 숙고하게 한다. 빛 없는 등이 있을 수 없는 것처럼, 광휘 없는 영광도 있을 수 없다.[5]

성부는 결코 아들 없이 존재하시지 않는다. 마치 등이 빛을 비추는 것과 같이 성부의 본성은 성자를 비추시는 것이다. 마찬가지로 성부로부터 나와 밝게 빛나는 것이 성자의 본성이다. 성자의 존재는 그야말로 성부로부터 나온 것이다. 말 그대로 그분은 성부 자신으로부터 나온 광채다. 그분이 바로 성자시다.

이런 모든 사실을 통해 우리는 성부께서 성자를 사랑하시고 기뻐하시는 것을 알 수 있다. 성경이 반복해서 이를 말하고 있다. "아버지께서 아들을 사랑하사 만물을 다 그의 손에 주셨으니"(요 3:35), "아버지께서 아들을 사랑하사 자기의 행하시는 것을 다 아들에게 보이시고 또 그보다 더 큰 일을 보이사 너희로 기이히 여기게 하시리라"(요 5:20, 또한 사 42:1도 보라). 그런데 예수님은 또 이렇게 말씀하신다. "오직 **내가 아버지를 사랑하는 것**과 아버지의 명하신대로 행하는 것을 세상으로 알게 하려 함이로라"(요 14:31). 성부만 성자를 사랑하시는 것이 아니다. 성자 또한 성부를 사랑하신다. 성부를 너무도 사랑하신 나머지 성부의 기쁜 뜻을 행하시는 것이 양식이 될 정도다(요 4:34). 성부께서 말씀하신 바를 행하시는 것이야말로 성자께서 누리시는 순전한 즐거움과 기쁨이다.

하지만 성부께서 성자를 사랑하시고, 성자께서도 성부를 사랑하심에도 전반적으로 성부와 성자 간의 관계는 매우 분명한 모습으로 나타난다. 대체로 성부께서는 사랑하시는 분으로, 성자께서는 사랑을 받으시는 분으로 나타난다. 성경에는 성자를 향한 성부의 사랑에 대한 기록이 가득하다. 하지만 성자께서도 분명히 성부를 사랑하심에도 이에 대한 언급은 거의 찾아보기 어렵다. 성부의 사랑이 근본이라는 말이다. 성부께서 사랑의 중심이시다. 이는 성부의 사랑 안에서 성부께서 성자를 보내시고 인도하신다는 것을 의미한다. 반면에 성자께서는 결코 성부를 보내시거나 인도하시지 않는다.

　　사도 바울이 고린도전서 11:3에서 말하는 것처럼, 이런 사실은 아주 중요하다. "그러나 나는 너희가 알기를 원하노니 각 남자의 **머리**는 그리스도요 여자의 **머리**는 남자요 그리스도의 **머리**는 하나님이시라." 다른 말로 하면, 성부-성자 관계의 형태(성부의 머리되심)로부터 사랑의 폭포를 이루는 은혜의 폭포수가 시작된다. 성부께서 성자를 사랑하시는 분이자 성자의 머리가 되시는 것처럼, 성자께서도 사랑하시는 분이자 교회의 머리가 되신다. 성자께서 말씀하신다. "아버지께서 나를 사랑하신 것 같이 나도 너희를 사랑하였으니"(요 15:9). 바로 여기에 복음의 아주 선한 것이 자리한다. 성부께서 사랑하시는 자요 성자께서는 사랑받으시는 자인 것과 마찬가지로, 그리스도는 사랑하시는 자요 교회는 사랑받는 자다. 이 말은 곧 그리스도께서 무엇보다도 먼저 교회를 사랑하셨다는 뜻이다. 그리스도의 사랑은 교회가 그리스도를 사랑할 때 나타나는 반응이 아니다. 그리스도의 사랑이 먼저 오고, 우리는 단지 그분께서 우리를 사랑하셨기 때문에 그분을 사랑하는 것이다(요일 4:19).

이런 사랑의 역학관계는 결혼에서도 그대로 재현된다. 그리스도께서 머리로서 그분의 신부인 교회를 사랑하시는 것처럼, 남편은 아내의 머리가 되고 아내를 사랑한다. 남편은 사랑하는 자요 아내는 사랑받는 자다. 교회와 마찬가지로 아내 역시 무언가를 해서 남편의 사랑을 얻어내는 게 아니다. 아내는 값없이, 무조건, 최대한으로 주어지는 풍성한 것들을 누린다. 성부께서는 영원히 성자를 사랑하셔서 성자로 하여금 영원한 사랑으로 응답하게 하신다. 그리스도께서는 이처럼 교회를 사랑하셔서 우리로 하여금 사랑으로 응답하게 하신다. 남편도 이처럼 아내를 사랑해서 아내로 하여금 남편에게 사랑으로 응답하게 한다. 바로 이것이 사랑이신 하나님의 존재로부터 양산되는 선이 퍼져 나가는 과정이다.

사랑의 영

성부께서는 성자를 사랑하시되 아주 특별한 방식으로 사랑하신다. 예수님이 세례 받으시는 것을 보면 이를 엿볼 수 있다. "예수께서 세례를 받으시고 곧 물에서 올라오실 새, 하늘이 열리고 하나님의 성령이 비둘기같이 내려 자기 위에 임하심을 보시더니, 하늘로부터 소리가 있어 말씀하시되 이는 내 사랑하는 아들이요 내 기뻐하는 자라 하시니라"(마 3:16-17).

여기 성부께서 성자를 향한 사랑과 그분 안에 있는 기쁨을 선포

안드레아 델 베로키오의
「그리스도의 세례」

하신다. **성령께서 예수님 위에 임하시는 것을 통해** 그렇게 하신다. 성부께서는 자기의 성령을 주심으로 자신의 사랑을 알게 하신다. 예를 들어 로마서 5:5에서 바울은 어떻게 하나님이 **성령을 통해** 자기의 사랑을 우리 마음에 부으시는지 기술한다. 성부께서는 아들에게 성령을 주심으로 성자에 대한 자신의 사랑을 선포하신다.

얼마나 인격적인 모습인가. "성령의 교통하심"으로 서로 온전히 하나 되고 서로를 향한 사랑으로 타오르는 가운데, 성령으로 말미암아 성부께서는 성자를, 성자께서는 성부를 기뻐하신다(고후 13:13). 성령께서는 성부의 사랑을 성자께서 알게 하시고 이로 말미암아 성자께서는 성부를 "아바!"라고 부르신다. 성령께서는 이 일이 우리에게도 동일하게 일어나도록 하신다(롬 8:15, 갈 4:6). 분명히 해둘 것은, 여기서 "아바!"는 기쁨에 찬 외침이라는 사실이다. 성령께서 성자가

창세전 하나님은 무엇을 하고 계셨는가

성부를 알게 하셨기에 성자께서 기뻐하시는 가운데 부르시는 외침이기 때문이다. "이 때에 예수께서 성령으로 기뻐하사 가라사대 천지의 주재이신 아버지여……감사하나이다"(눅 10:21). 성령께서는 사랑하시는 빛의 아버지를 알게 하시는 가운데 사랑뿐 아니라 기쁨도 가져다주시는 분이다. 술 취하는 것과는 비견될 수 없는 기쁨이다(엡 5:18, 또한 갈 5:22, 롬 14:17을 보라).

예수님이 세례 받으실 때 성부, 성자, 성령께서 서로 관계하시는 방식은 그때만 단회적으로 드러난 것이 아니다. 창세기 1장이 여기서 그대로 메아리친다. 창조 시에 성령께서도 비둘기와 같이 수면 위를 운행하셨다. 세례 후에 예수님을 척박한 광야로 이끄신 것처럼 성령께서는 창세기 1장에서도 하나님의 말씀이 생명 없는 공허함 속으로 들어가도록 하는 능력으로 나타나신다. 하나님은 자신의 말씀으로 천지를 지으신다(이 말씀은 나중에 육신이 되신다). 자신의 성령 또는 숨의 능력으로 말씀을 보내셔서 그렇게 하신다.

창조의 사역(창세기 1장)과 구원 혹은 재창조(복음서)의 사역 모두에서 하나님의 말씀은 그분의 성령을 통해 나온다. 성부께서 말씀하시고 성부의 숨을 통해 그분의 말씀이 들린다. 이 두 모습은 공히 하나님이 어떤 분이신지를 드러낸다. 성부께서 성자를 사랑하시고 성자에게 복과 권능을 주시는 통로가 성령이다. 성자께서는 성령으로 말미암아 성부로부터 나오신다. 그래서 예수님을 "기름부음 받은 자"(히브리어로 "메시아", 그리스어로 "그리스도")라고 한다. 성자야말로 성령으로 한량없이 기름부음을 받으시는 분이기 때문이다. 구약

성경에서 왕들과 제사장들, 심지어 선지자들이 기름부음을 받아 각자의 직무를 위해 구별되는 것처럼, 예수님은 성령으로 기름부음을 받으신다. 그래서 "아들"과 "기름부음 받은 자"라는 호칭은 때때로 거의 동의어로 쓰이기도 한다(예. 시편 2편).

성부께서는 성자에게 자신의 성령을 주심으로 성자를 사랑하신다(또한 능력을 주신다). 그렇다고 성령이 단지 비인격적인 신적 능력에 불과하다는 말은 아니다. 전혀 그렇지 않다. 누군가는 성자를 하나님의 말씀이라 부른다는 이유로 성자 역시 비인격적인 능력이라고 말하기도 한다. 사실 성자가 비인격적인 것처럼 들리도록 하는 호칭이 많다(예컨대, 이사야 53:1의 "여호와의 팔"). 그러나 이런 호칭들은 각각의 상황에 따른 성자의 역할을 설명하기 위한 것이지(성자는 말씀으로서 하나님의 마음을 드러내시고 여호와의 팔로서 그분의 뜻을 행하신다), 어떤 식으로든 성자가 성부보다 덜 인격적인 존재라는 것을 암시하고자 하는 말이 아니다. 성령에 대해서도 마찬가지다. 성령께서도 인격으로서 말씀하시며 보내시고(행 13:2, 4), 택하시며(행 20:28), 가르치시고(요 14:26), 주신다(사 63:14). 거짓말로 속임을 당하기도 하시고 시험을 당하기도 하신다(행 5:3, 9). 거슬림을 당하기도 하시고(행 7:51), 슬퍼하기도 하신다(사 63:10, 엡 4:30). 모독을 당하기도 하신다(마 12:31). 모든 면에서 성령께서는 성부, 성자와 더불어 참된 인격으로 제시된다. 성령께서 성부, 성자와 한 호흡으로 언급되는 것을 보면(예를 들어 마태복음 28:19에서 예수님은 제자들에게 가서 제자를 삼고 성부와 성자와 성령의 이름으로 세례를 주라고 하신다),

창세전 하나님은 무엇을 하고 계셨는가

나누시는 하나님

1150년대 어느 날 리처드[6]라고 하는 스코틀랜드 젊은이가 센 강둑에 놓인 파리 성벽 너머에 있는 성 빅토르 수도원으로 들어갔다. 거기서 그는 하나님을 묵상하는 데 전념했고, 이내 당대의 가장 영향력 있는 작가들 가운데 하나로 알려지게 되었다.

리처드는 만일 하나님이 단지 한 위격이라면 영원토록(창세전에) 아무도 사랑할 대상이 없었다는 말이 되기 때문에 그분은 본유적으로 사랑하는 존재일 수 없게 된다고 주장했다. 계속해서 그는 만약 하나님이 두 위격이었다면 사랑하는 존재일 수는 있겠으나 그 사랑은 배타적이고 편협할 것이라고 주장했다. 결국 두 위격이 서로 사랑할 때 서로에게만 몰입한 채 다른 모든 대상은 쉽사리 배제할 수 있기 때문이다. 그런 하나님을 복음이라고 하기는 어렵다. 하지만 두 위격이 행복하고 건강하고 안정된 사랑을 한다면 그들은 그 사랑을 기꺼이 나눈다. 리처드는 하나님의 사랑이 바로 그렇다고 말했다. 영원 전부터 서로를 완전히 사랑하시는 성부와 성자께서는 자신들이 누리는 사랑과 기쁨을 성령과 더불어, 성령을 통해 나누기를 기뻐하신다.

그러니까, 하나님은 나누게 된 것이 아니다. 삼위일체로 계시는 하나님은 원래 사랑을 나누시는 하나님, 포함하기를 좋아하시는 하나님이다. 하나님이 창조 사역을 계속해 가시는 것도 이 때문이다. 하나님의 사랑은 지키기 위한 것이 아니라 확산되기 위한 것이다.

성부와 성자가 인격이신 것처럼 성령도 인격이시라고 생각할 이유가 충분하다.

뒤죽박죽인 하나님?

그러므로 하나님을 대할 때 우리는 참되고 구별된 세 분의 위격 곧 성부, 성자, 성령을 대하는 것이다. 성부, 성자, 성령은 반드시 참된 위격들로 존재해야 한다. 성부, 성자, 성령이 단지 단일한 신격의 서로 다른 측면이라면 이 사이에는 진정한 사랑이 있을 수 없다. 그러나 우리의 지성으로 이 세 위격을 명확하게 구분하는 것은 여간 어려운 일이 아니다. 다음과 같은 말을 얼마나 많이 듣는지(또는 얼마나 많이 이런 말로 기도하는지) 생각해 보라. "사랑하는 아버지⋯⋯우리를 위해 죽으신 것을 감사합니다", "사랑하는 예수님⋯⋯아들을 보내주셔서 감사합니다. 예수님의 이름으로 기도합니다."

이렇게 성부, 성자, 성령을 믹서기에 넣고 돌려 버리는 것을 신학자들은 점잖은 말로 **양태론**modalism이라고 부른다. 하지만 나는 이것을 **기분론**moodalism이라고 부르고 싶다. 기분론자들은 하나님을 세 가지 다른 기분(moods, 굳이 양태[modes]라고 해도 좋다)를 가진 한 인격이라 생각한다. 사람들 사이에 흔한 기분론 가운데 하나는 하나님이 (구약에서는) 스스로를 아버지로 느끼셨다가 이 땅에서의 삼십몇 년 동안은 아들의 기질을 보다 많이 가지려 하셨고, 그 후로는 보다 영적인 존재가 되기로 하셨다는 주장이다. 물론 기분론은 매력적이다.

하나님을 너무 난해하지 않도록 만들었기 때문이다.

　　문제는 각 위격들을 퓌레 요리처럼 뒤섞어 버리면 삼위 하나님의 복음을 맛볼 수가 없다는 것이다. 성자께서 단지 하나님이 젖어들었다 벗어났다 하는 기분에 불과하다면 우리에게 성자 안에서 하나님의 자녀로 입양된다는 것은 전혀 위대한 일이 아니다. 하나님이 성자가 아닌 다른 기분에 젖어들면 우리를 위한 성자도 사라지기 때문이다. 그리고 하나님이 성자의 기분에 있을 때면 우리를 자녀로 삼은 성부께서는 안 계실 것이다. 또한 성령께서 단지 하나님의 또 다른 마음 상태에 불과하다면 나는 하나님의 기분이 계속해서 달라질 때마다 어떤 일이 일어날지 궁금해하는 것 말고는 할 수 있는 게 없게 된다. "그가 나를 충만케 한다.……그가 나를 충만케 하지 않는다……." 기분론자에게는 확신은 없고 지극히 혼란스러운 하나님만 있을 뿐이다. 어떻게 그렇게 될 수 있을지는 모르겠지만 어쨌든 성자는 자신의 아버지도 돼야 하고, 자신을 보내야 하고, 자신을 사랑해야 하고, 자신을 향해 기도해야 하고, 자신을 자신의 보좌 우편에 앉혀야 한다. 감히 말하건대 정말 우스꽝스럽게 보일 것이다.

신들의 수다?

그렇다면 우리는 성부, 성자, 성령께서 그저 서로 다른 세 신적인 기분이 아니라 참되고 구별되는 세 위격이라는 사실을 어떻게 진지하게 받아들일 수 있을까? 물론 삼위일체라는 말이 신격들이 골라서 들어가는 만신전이나 클럽처럼 들릴 수 있다는 우려가 없는 것은 아니다. 소들이 자기들끼리 무리를 이루고 양들도 그렇게 떼 지어 있는 것처럼 신격들이 삼위일체로 서로 모여 있는 것이라면, 삼위일체도 고대 그리스 사람들이 올림포스 산을 보았던 것처럼 보일 것이다. 제우스, 아폴로, 그 밖에 모든 신이 올림포스 신전에 함께 머물기로 한 것처럼 성부, 성자, 성령이 삼위일체 안에 머물기로 한 것으로 다가갈 가능성이 크다.

하지만 성부, 성자, 성령께서는 서로 간에 실제로 교제를 누리는 위격이시기 때문에(성부가 성자를 사랑하는 등) 기독교 신학자들은 주저 없이 기쁨으로 삼위일체의 교제를 말한다. 그래서 18세기 신학자인 조나단 에드워즈^{Jonathan Edwards}는 "삼위께서 이루시는 사귐 또는 가정"에 대해 글을 쓸 수 있었고 심지어 "모든 다른 참된 행복이 그러한 것처럼 신성의 행복 역시 사랑과 사귐으로 이루어진다"고 말했다.[7] 그렇다고(이것이 중요하긴 하지만) 삼위일체가 성부, 성자, 성령께서 함께 어울리기로 한 클럽 같다는 말은 아니다. 삼위일체는 단순히 서로 잘 어울리는—심지어 아주 잘 어울리긴 하지만—세 인격 정도가 아니다.

그렇다면 삼위일체는 무엇인가? 자, 다시 처음으로 돌아가 성부께로 가 보자. 앞서 보았듯, 창세전 만물이 있기 전부터 성부께서는 성자를 사랑하시고 낳으셨다. 이는 영원 전부터 성부께서 하고 계신 일이다. 하나님이 어느 순간에 성부가 **되신** 것이 아니다. 오히려 그분의 정체성 자체가 성자를 낳으시는 분이다. 성부와 성자께서 어느 날 갑자기 만나서 서로가 얼마나 잘 맞는지 알고 놀라워하신 것이

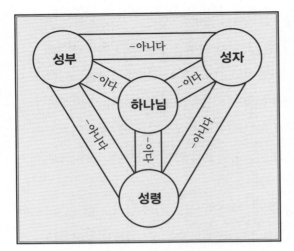

삼위일체 문양 삼위일체를 논리적으로 이해하기란 쉽지 않다.

아니다. 성부께서 성부인 것은 성자와의 관계 때문이다. 샘의 이미지를 다시 떠올려 보자. 물이 솟아나지 않는 샘은 더 이상 샘이 아니다. 마찬가지로, 성자(성령을 통해 사랑하시는 성자)께서 안 계시다면 성부께서는 성부일 수 없다. 성자 또한 성부 없이는 성자가 아니다. 성자께서는 성부로부터 자신의 존재를 가지신다. 이처럼 우리는 성부, 성자, 성령께서 구별된 위격이면서도 절대적으로 서로 분리될 수 없음을 본다. 혼합되지 않으나 분리될 수도 없다. 삼위 하나님은 **함께** 계신다. 항상 함께 **계실** 뿐 아니라 항상 함께 **일하신다.**

이는 마치 성부께서 홀로 존재하셨거나 성자와 성령 없이도 존재하실 수 있기라도 한 것처럼 성자나 성령보다 "더" 하나님일 수는 없다는 말이다. 성부 자신의 정체성과 존재는 다름 아닌 자신의 충만을 성자에게 주시는 것과 관계가 있다. 성부께서는 성자와 분리될 수 없다. 이는 또한 성부, 성자, 성령 이전에 있거나 배후에 있는 "하나님"은 없다는 말이다. 실제로 이런 사실 때문에 "하나님"에 대해 말하는 것이 문제가 될 수 있다. 성부, 성자, 성령이 비롯되는 하나님이라고 불리는 어떤 물질(더 심하게는 어떤 인격)을 상상하도록 만들기 때문이다. 이 "하나님"에게 기도할 수 있는 것처럼, 이런 것과 만나고 교제하기라도 했던 것처럼 말이다. 예를 들어 삼위일체를 가르치기 위해 전통적으로 사용해 온 "삼위일체 문양"The Shield of the Trinity을 생각해 보자. 절대로 고의가 아니겠지만 성부, 성자, 성령 외에 "하나님"이라고 부르는 제4의 어떤 것이 가운데 자리하는 것 같은 인상을 준다. 그렇게 되면 삼위일체에는 네 신이 있게 될 뿐만 아니라 성부, 성자, 성령은 실제로 각각 동일한 물질로 이루어진 서로 다른 신들이 된다. 하지만 성부로부터 시작하면 이런 모든 불경함을 피할 수 있다. 모든 것의 이면에서 우리는 어떤 추상적인 "하나님" 대신에 자신을 주시고 성자를 낳는 본성을 가지신 성부를 본다.

달걀과 클로버

이제 다시 삼위일체를 설명하기 위해 제시하는 예시들을 살펴보자. 물의 세 가지 상태와 그와 비슷한 것들 말이다. 이것들은 어떤가? 삼위일체 하나님이 마치 물과 같아서, 성부는 완전히 얼음 상태에 있다가 열을 좀 받으면 액체 상태인 성자로 변하고, 열을 더 받으면 증발하여 증기 상태의 성령으로 되는가? 그렇지 않다. 이 역시 기분론에

성 힐라리우스

그 이름처럼 신학도 밝고 명랑했던 사람, 그가 바로 힐라리우스St. Hilarius, 300?-367?다(오늘날 사람들은 그를 "푸아티에의 힐라리오"라고 거창하게 부르지만, 정작 이런 사실은 지금 우리가 얼마나 슬픈 상태에 있는지를 보여주는 단면이라 할 수 있다). 그는 날렵한 검과도 같은 예리한 지성과 양과 같은 온화함으로 성자의 영원한 신성을 옹호하기 위해 자신의 일생과 자유를 바쳤다. 그는 성자께서 어떤 시점부터 존재하셨다는 주장을 견지하는 아리우스의 추종자들이 끔찍한 재앙을 만들어 냈다고 강력하게 주장했다. 아리우스 추종자들의 주장대로라면 성자께서 항상 존재하셨던 것은 아니며, 이는 하나님이 성부가 아니셨던 적이 있었다는 의미다. 그렇다면 하나님은 본질적으로 성부가 아니고 본질적으로 사랑하는 분도, 생명을 주는 분도 아닌 다른 어떤 것이나 마찬가지라는 말이다.

힐라리우스는 성부와 성자를 유래했을지도 모를 "어떤 상상 속의 실체"를 믿기를 단호히 거부했다. 모든 것의 이면에는 어떤 "하나님"이 아닌 성부, 영원히 성자를 사랑하시는 분이 계신다. 그는 말한다. "하나님은 사랑이 아닐 수 없고 성부가 아닐 수 없다. 사랑이신 하나님은 질투하지 않으신다. 성부이신 하나님은 완전히, 전적으로 아버지시다. 이 아버지라는 이름에는 타협의 여지가 없다. 부분적으로 아버지이고 부분적으로는 아버지가 아닐 수 없다." 다시 말해 성부, 성자, 성령 이면에 차갑고 추상적인 "하나님"이나 "하나님이라 불리는 물질" 같은 것은 없다. 실제로는 성부, 곧 살아 계신 사랑의 하나님, 질투하거나 생명을 나누어 주는 데 인색하지 않고 그의 생명과 존재를 성자에게 기꺼이 주시는 분이 계신다.

힐라리우스는 사람들이 성부, 성자, 성령의 이면에 어떤 "하나님"이 있기라도 한 것처럼 생각하지 않도록 이렇게 조언한다. "우리는 하나님은 한분이요 참되신 하나님이라고 고백할 수 있기 전에 먼저 성부와 성자를 고백해야 한다."8 성부와 성자로부터 시작하지 않고 하나님을 정의하려고 해보라. 힐라리우스는 그런 시도는 아주 쉽사리 전혀 다른 하나님으로 귀결되리라고 보았다.

불과하다. 아니면 하나님은 마치 성부, 성자, 성령이 세 갈래로 나온 클로버 잎과 같다는 말인가? 그 옛날의 힐라리우스가 무덤에서 통곡할 일이다. 무엇보다 이런 그림들은 하나님을 비인격적인 **어떤 것**으로 이해하도록 만든다. 이런 것들은 인격적이지도 않고 사랑도 없다. 성부, 성자, 성령과는 전혀 다르다.

성경이 이미지를 보여줄 때에는 창세기 1, 2장처럼 보여준다.

> 하나님이 이르시되 "**우리**의 형상을 따라 **우리**의 모양대로 우리가 사람을 만들고 그들로 바다의 물고기와 하늘의 새와 가축과 온 땅과 땅에 기는 모든 것을 다스리게 하자" 하시고 하나님이 자기 형상 곧 하나님의 형상대로 사람을 창조하시되 **남자와 여자**를 창조하시고(창 1:26-27).

하나님의 존재를 반영하는 남자와 여자, 아담과 하와는 서로 관계도 있고 차이도 있다. 사도 바울은 고린도전서 11:3에서 이에 대해 말한다. 하와는 아담과 상당히 다르기는 하지만 아담으로부터 자신의 모든 생명과 존재를 받아 가졌다. 아담의 옆구리에서 난 하와는 그의 뼈 중의 뼈요 살 중의 살이요 아담과 육신으로 한 몸을 이룬다(창 2:21-24). 아담과 하와의 관계가 잎, 달걀, 액체를 들어 설명하는 것보다 훨씬 낫다. 인격적인 하나님, 성부와 구별되면서도 성부에 속해 있고 또한 성령 안에서 성부와 하나 된 성자를 훨씬 잘 반영한다.

순전한 삼위일체론

사도 요한은 "너희로 예수께서 하나님의 아들 그리스도이심을 믿게 하려 함이요 또 너희로 믿고 그 이름을 힘입어 생명을 얻게 하려" 복음서를 썼다고 말한다(요 20:31). 그러나 하나님의 아들을 믿으라는 이런 가장 단순한 부름조차도 다름 아닌 삼위일체 믿음으로의 초청이다. 요한은 예수님을 하나님의 아들로 묘사한다. 하나님은 그의 아버지시다. 또한 그는 성령으로 기름부음 받은 그리스도시다. 이 예수님과 함께 시작한다면 삼위일체 하나님에 이르게 된다. 삼위일체는 추상적 사변의 산물이 아니다. 성령으로 기름부음 받은 하나님의 아들 예수님을 선포하는 것은 바로 삼위일체 하나님을 선포하는 것이다.

그래서 아리우스가 주장한 것은 뒤바뀐 것이다. 성자이신 예수님과 더불어 시작하지 않으면 성부가 아닌 다른 하나님으로 귀결될 수밖에 없다. 성자는 참으로 하나님을 아는 유일한 길이다. 오직 성자만이 성부를 계시하신다. 존 칼빈은 만약 성부, 성자, 성령에 대한 생각 없이 하나님에 대해 생각하려고 하면 "우리의 머리에는 단지 하나님이라는 공허한 이름만이 맴돌 뿐 정작 참되신 하나님은 배제될 것"이라고 했다.[9] 전적으로 옳은 말이다. 예수님이 계시하신 삼위일체 하나님과 모든 다른 신들 간의 간극이 너무나 크기 때문이다.

이 하나님은 그야말로 어떤 다른 틀에도 끼워 맞출 수 없을 것이다. 삼위일체는 하나님에 추가하는 어떠한 비본질적인 부속물도 아니고 하나님에게 연결하는 선택 가능한 소프트웨어도 아니다. 이 하

창세전 하나님은 무엇을 하고 계셨는가

나님은 근본적으로 다르다. 그분은 본질적으로 창조주도 아니고 통치자도 아니다. 심지어 어떤 추상적인 "하나님"은 더욱 아니다. 그분은 성부시다. 성령의 교제 안에서 성자를 사랑하시고 성자에게 생명을 주시는 성부시다. 스스로 사랑이신 하나님, 만물보다 앞선 하나님은 "다른 어떤 것이 아니라 사랑이실 수밖에" 없다. 이런 하나님을 기꺼이 모신다면 모든 것이 바뀌게 된다.

2

창조: 흘러넘치는 성부의 사랑

만약 하나님이 이처럼 자신의 선하심을 나누고 퍼뜨리기를 기뻐하지 않는 분이라면
결코 세상을 창조하지 않았을 것이다.

리처드 십스

단일 위격의 신이 할 수 있는 창조

잠시 자신을 하나님이라고 생각해 보라. 아마 한 번쯤은 이런 생각을 해봤을 것이다. 한 번 더 그렇게 생각해 보라. 당신이 하나님이었다면 신적인 지혜와 능력으로 우주를 창조하려고 했을 것 같은가? 만약 그렇다면 왜 그랬겠는가? 외로움을 달래줄 친구들이 필요해서인가? 자신을 받들어 줄 종들을 원해서인가? 이것은 우리가 던질 수 있는 가장 심오한 질문들 가운데 하나다. 하나님이 존재한다면, 하나님 말고 다른 것들이 존재하는 이유는 무엇인가? 우주는 왜 있는가? 우리는 또 왜 존재하는가? 왜 하나님은 피조물을 두기로 하셨는가?

고대 바벨론의 창조신화인 에누마 엘리쉬*Enuma Elish*를 보면 고대 바벨론 사람들도 일찍이 이런 물음에 답해 보려고 했었다는 것을 알 수 있다. 여기에서 마르둑이라는 신은 대놓고 신들이 노예로 부리기 위해 인류를 창조하겠다고 말한다. 신들은 가만히 앉아 손도 까딱하지 않고 인간들을 부려먹으며 살아가겠다는 심산이다. 다른 신들보다 마르둑이 이런 의도를 보다 원색적으로 표현하는 것이 사실이지만, 어쨌든 종교에서 신들은 대부분 마르둑의 접근과 비슷한 경향을

애완용과 함께 있는 마르둑 혼자 있는 신은 근본적으로 자기에게 함몰되어 있을 수밖에 없고 피조물과 사랑을 나눌 수 없다.

보인다. 누가 그들을 탓하겠는가? 마르둑의 논리는 정말 솔깃하지 않은가? 만약 당신이 신이라면 말이다.

사실, 대부분의 신들이 마르둑을 따르는 것은 단순히 개별적인 취향의 문제가 아니다. 자기 외에 다른 모든 것들의 기원과 원인이 되는 신이 있다고 가정해 보자. 그가 모든 사람과 만물이 있게 했다. 그가 다른 것들이 있게 하기 전까지 그는 완전히 혼자였다. 아직 아무도 만들지 않았기 때문이다. 영원 전부터 혼자였다는 말이다. 다시 말해 이 고독한 신은 영원 전부터 사랑할 다른 누구도, 무엇도 가지고 있지 않았다. 다른 존재를 사랑하는 것은 그의 정서와는 전혀 맞지 않는다. 물론 그는 자기 자신만큼은 사랑할 것이다. 하지만 우리는 이런 사랑을 이기적인 사랑으로 여기고 참된 사랑이라고 하지 않는다. 그러니까 본질상 이런 외로운 신, 혼자 있는 신은 근본적으로 자기 자신에게 함몰되어 있을 수밖에 없고 외향적으로 사랑을 나타낼 수도 없다. 자기만족만이 전부인 신이다. 그가 창조를 하는 이유는 이 때문이다.

바로 이런 점에서 이슬람교에는 아주 흥미로운 긴장이 자리한다. 알라는 전통적으로 아흔아홉 가지 이름을 가지고 있으며 이런 명칭들은 그가 영원 전에 스스로 있을 때의 모습들을 묘사한다고 한다. "사랑하는 자"The Loving, 알-와두드가 그중 하나다. 하지만 알라는 영원 전에 어떻게 사랑할 수 있었을까? 그가 창조하기 전에는 그가 사랑할 수 있는 어떤 것도 존재하지 않았는데 말이다(그리고 이 이름은 자기중심적인 사랑이 아닌 다른 존재를 향한 사랑의 의미를 담고 있다). 자신의 피조물을 영원토록 사랑하는 것 말고는 이 이름을 달리 설명할 길이 없다. 하지만 그렇게 말할 경우 큰 문제가 야기된다. 만약 알라가 자신의 명칭에 걸맞는(사랑하는) 존재가 되기 위해 피조물을 필요로 한다면 알라는 자신의 피조물에 의존하고 있다는 말이 된다. 그런데 이슬람교의 핵심적인 신앙의 내용 가운데 하나가 알라는 아무것도 의존하지 않는다는 것이다.

여기에 난제가 있다. 사랑을 위해서는 대상이 필요한데, 홀로 존재하는 신이 어떻게 영원토록 본질적으로 사랑하는 존재일 수 있는가? 기원전 4세기, 아테네의 철학자 아리스토텔레스Aristotle는 유사한 문제로 씨름했다. 선하기 위해서는 **선을 베풀 대상**이 있어야 하는데 어떻게 신이 영원토록 그리고 본질적으로 선할 수 있는가? 아리스토텔레스의 답변은 신은 영원토록 그 자신은 무엇으로부터 시작되지

않은 원인이라는 것이었다. 그렇다면 신은 존재하는 피조물들의 영원한 원인이어야 하고, 이는 우주가 영원하다는 것을 의미한다. 이런 방식으로 신은 참으로 영원히 선할 수 있다. 우주가 영원히 그와 함께 존재하고 그는 영원히 자신의 선함을 우주에 내주기 때문이다. 바꾸어 말하면, 신은 영원토록 자기를 내주는 선한 존재다. 영원토록 우주에 자신을 내주고 선을 베풀기 때문이다. 아리스토텔레스의 다른 통찰과 마찬가지로 이 또한 기막힌 발상이다. 하지만 이 역시도 신이 신으로 존재하기 위해서는 세상을 필요로 한다는 말에 지나지 않는다. 본질적으로 신이 신이기 위해 피조물에 의존하고 있는 것이다. 또한 기술적으로는 "선하다"고 하더라도 아리스토텔레스가 말하는 신은 다정하거나 사랑하는 존재라고 하기는 어렵다. 그는 자신이 복 주게 될 세상을 창조하기로 자유롭게 결정하지 않는다. 창조는 단지 신으로부터 우주가 생겨나는 것 이상을 의미한다.

삼위일체가 아닌 신들과 피조물을 생각했을 때 마주하는 어려움이 바로 여기에 있다. 홀로 영원을 지내 온 단일 위격의 신들은 필연적으로 자기에게 함몰되는 존재일 수밖에 없고, 따라서 이런 신들이 왜 굳이 다른 어떤 것들이 존재하게 했는지 알기 어렵다. 거울에 비친 자신의 모습에 황홀해하는 신에게 우주의 존재는 오히려 집중을 방해하지 않는가? 이런 신이 행하는 창조는 지극히 부자연스럽다. 그리고 설령 이런 신들이 창조를 행한다 하더라도, 순전히 자기만족을 위해 창조한 것들을 이용하여 본질적인 필요나 욕망을 충족시키기 위한 창조를 행할 것이다.

하나님의 희열

하지만 성부, 성자, 성령이신 하나님이라면 얘기는 달라진다. 여기에는 본질상 혼자가 아닌 하나님이 계신다. 성부께서 성령 안에서 성자를 사랑하신 것처럼 영원토록 사랑하시는 하나님이 계신다. 그러므로 이런 하나님께 다른 존재를 사랑하는 것은 전혀 낯설거나 새로운 일이 아니다. 이런 사랑은 하나님의 존재 근원에 자리하고 있다.

성부 하나님을 생각해 보자. 성부께서는 본질상 생명을 주시는 분이다. 그분은 아버지시다. 생명을 낳지 못하는 신, 다시 말해 아버지가 아닌 신이 생명을 주고 피조물을 낳을 수 있을지 의심이 일어나는 것은 당연하다. 그러나 성부께는 그런 의심이 들어설 자리가 없

다. 성부께서는 영원토록 풍성하시고 왕성하시며 생명을 북돋아 주
는 분이셨다. 이런 하나님이시기에(그리고 오직 이런 하나님만이) 더
많은 생명을 낳으시고 창조하시는 것은 아주 자연스러울 뿐더러 전
혀 새삼스런 일이 아니다.

　칼 바르트는 여기서 우리가 풀어내야 할 심오한(하지만 난해한!)
견해를 내놓았다.

> 동일한 자유와 사랑, 곧 본질상 혼자가 아니라 성부로부터 영원히 나
> 오는 성자를 낳으시는 하나님의 자유와 사랑 안에서, 그분은 또한 절
> 대적으로 그리고 외향적으로 혼자가 아니라 자유롭게 사랑하는 분으
> 로 계시기 위해 자기 밖을 향하는$^{ad\ extra}$ 창조자가 되신다. 다시 말해, 하
> 나님이 본질상 귀가 멀거나 말을 못하는 분이 아니라 영원 전부터 말
> 씀하시고 그분의 말씀$^{His\ Word}$을 들으시는 것처럼, 영원이라는 차원에
> 계시면서 듣지 않거나 공명하지 않는 분, 다시 말해 피조물과 소통하
> 지 않는 분으로 있기를 원치 않으신다. 성부와 성자, 또는 하나님과 그
> 분의 말씀 사이의 영원한 교제는 그것과는 차원이 다르면서도 그렇다
> 고 전혀 다르지만도 않은 하나님과 그분의 피조물 사이의 관계와 유사
> 하다. 이는 다름 아닌 영원한 말씀을 하는 분이신 영원한 성자의 아버
> 지의 모습과 부합한다. 가히 하나님이라 할 만하다. 자기 밖의 존재를
> 대하는 데 있어 그분은 창조자여야 한다.[1]

정말이지 신학자들은 종종 이런 식으로 글을 쓴다. 그가 말하고자 하

는 바는, 성부 하나님은 영원토록 성자를 사랑해 오셨기 때문에 그분이 사랑할 피조물을 만들고 그것들로 향하는 것은 그분의 성품에 완전히 부합한다는 것이다. 물론 지금 바르트가 성자 하나님이 피조되었다거나 완전하신 하나님보다는 모자라다고 말하는 것은 결코 아니다. 성부께서는 항상 다른 존재를 사랑하기를 즐거워하셨기 때문에, 성부께서 사랑할 다른 존재를 창조하시는 행위는 완전히 그분께 합당하다.

그러므로 성자 하나님인 예수 그리스도는 창조의 논리이자 청사진이다. 그분은 성부로부터 영원히 사랑받는 분이시다. 창조는 사랑이 바깥으로 확장되어 다른 피조물들이 누리도록 하는 것이다. 사랑의 샘이 넘쳐흐른다. 성부께서 성자를 얼마나 기뻐하시는지, 그 사랑이 넘쳐흘러서 성자께서는 수많은 아들 가운데 맏아들이 되실 정도다. 바울은 로마서 8:29에서 이렇게 말한다. "하나님이 미리 아신 자들을 또한 그 아들의 형상을 본받게 하기 위하여 미리 정하셨으니 이는 그로 많은 형제 중에서 맏아들이 되게 하려 하심이니라"(또한 엡 1:3-5을 보라). 이 하나님은 아들 곁에서 다른 누군가가 함께 그 사랑을 누린다고 해서 못마땅해 하실 분이 아니다. 오히려 기뻐하신다. 성부께서는 항상 성자에게 사랑을 부어 주기를 기뻐하신다. 그리고 창조로 말미암아 성부께서는 성자를 통해 자기가 사랑하시는 자녀들에게 이 사랑을 부어 주기를 기뻐하신다.

흥미롭게도 사도 바울은 골로새서에서 성자를 "만물보다 먼저 나신 이"로 말하면서, 이 개념을 곧바로 성자가 하나님의 형상이시라는 사실과 연결짓는다. "그는 보이지 아니하는 하나님의 형상이시요 모든 피조물보다 먼저 나신 이시니"(골 1:15). 성자께서는 성부가 어떤 분이신지를 완벽하게 보여주는 하나님의 형상이다. "이는 하나님의 영광의 광채시요 그 본체의 형상이시라"(히 1:3, 또한 고후 4:4을 보라). 성자께서는 성부로부터 영광스럽게 나오시고 그 영광을 "비추시며" "발하심"으로써 성부께서 본질적으로 외향적이라는 사실을 보여주신다. 이러한 하나님이 마땅히 창조하는 분이시라는 사실은 놀라운 일이 아니다. 그리고 우리도 마땅히 하나님의 형상으로 창조되고 그리스도의 형상을 닮아 가도록 예정되는데, 이는 그야말로 사랑의 외향적인 움직임의 연장선에서 이루어지는 것이다. 성자 안에서 자신의 외향적인 형상을 갖길 원하시는 하나님은 또한 자신의 수많은 사랑의 형상들(스스로 외향적인 형상들)을 갖길 원하신다.

요한복음 17장에 나오는 예수님의 대제사장의 기도 마지막 부분을 보면 예수님이 성부로부터 비추는 하나님의 영광(혹은 하나님으로부터 나오는 하나님의 말씀)이시라는 말이 무엇을 뜻하는지 분명히 알 수 있다.

"아버지여, 내게 주신 자도 나 있는 곳에 나와 함께 있어 **아버지께서 창세전부터 나를 사랑하시므로** 내게 주신 나의 영광을 그들로 보게 하시기를 원하옵나이다. 의로우신 아버지여, 세상이 아버지를 알지 못하여도 나는 아버지를 알았사옵고 그들도 아버지께서 나를 보내신 줄 알았사옵나이다. 내가 아버지의 이름을 그들에게 알게 하였고 또 알게 하

이것 참 난해하군(It's all Greek to me)

그리스의 작은 섬 코르푸에서 휴일을 보낼 때 절대 쓰지 않을 두 개의 그리스어 단어가 있다. 하지만 이 단어들에는 달달한 과즙nectar이 흘러넘친다. 첫째로, "휘포스타시스"hypostasis다. 이 말이 어떻게 들릴지 나도 안다. 고약한 피부염을 가리키는 의학용어같이 들릴 것이다. 그러나 이 말은 사실 "토대"를 의미한다("hypo"는 "아래", "stasis"는 "서 있거나 존재하는 것"을 가리킨다). 그리스어 구약성경 시편 69:2에서 시편 기자는 "나는 **설 곳**hypostasis이 없는 깊은 수렁에 빠지며"라고 하면서 이 말을 사용한다. 다시 말해, 견고하게 발을 딛고 설 어떤 것도 없다는 말이다. 그뿐 아니라 히브리서 1:3도 이 말을 써서 하나님의 "본체"를 묘사한다. "이는 하나님의 영광의 광채시요 그 **본체**hypostasis의 형상이시라." 여기서 "휘포스타시스"는 성자의 신성의 토대가 되는 성부의 "본체"를 가리킨다.[2]

또 다른 단어는 "엑스타시스"ekstasis다. "엑스터시"ecstasy, 황홀감라는 말이 여기서 왔다. 곁에 혹은 외부에 있는 것을 가리키는 말이다("ek"는 "외부로", "stasis"는 "서 있거나 존재하는 것"을 가리킨다).

지금까지 우리가 살핀 바에 따르면 성부, 성자, 성령께서는 외부에 있음으로 그 본체를 가지신다. 즉, 하나님의 제일 중심에 있는 존재hypostasis는 외향적이고 사랑하며 생명을 주는 존재다. 삼위일체 하나님은 희열에 찬 하나님이다. 하나님은 생명을 쌓아 두지 않고 거저 주는 분이시다. 십자가에서 자기 계시의 가장 절정의 순간을 보여주신 것처럼 말이다. 성부께서는 성자에게 자신의 생명과 존재를 주심으로 진정한 정체성을 찾으시고, 성자께서는 성령 안에서 자신의 생명을 우리와 나누심으로 성부를 나타내신다.

리니 이는 **나를 사랑하신 사랑이 그들 안에 있고 나도 그들 안에 있게**하려 함이니이다"(요 17:24-26).

성부께서는 창세전부터 성자를 사랑하셨고, 성부께서 아들을 보내시는 것은 아들을 향한 성부의 사랑이 다른 사람들에게도 있게 하시기 위함이다. 창조와 구원 모두를 통해 성자께서 성부로부터 오시는 것은 성자를 향한 성부의 사랑을 나누시기 위함이다.

어떤 의미에서 성자께서는 피조물의 모범이시기 때문에 성부를 향한 성자의 응답 역시 온 우주와 피조물이 어떻게 성부께 응답할지를 보여주는 모범이라 할 수 있다. 예수님은 "내가 아버지를 사랑하는 것을 세상이 알게 하려 함이로라"고 하셨다(요 14:31). 또한 성부께서 성자를 향한 자신의 사랑에 우리를 포함하시고 그 사랑을 우리에게 나타내기로 하신 것처럼, 성자 역시 성부를 향한 자신의 사랑에 우리를 포함하기로 하셨다. 성자는 성부의 사랑을 그대로 다시 성부께로 돌려드리기를 기뻐하신다. 그리고 바로 이것이 하나님과 나란히 계시고 하나님을 나타내시며 하나님의 자녀가 되시는 것이다. 우리는 하나님의 사랑을 앎으로써 주 우리 하나님을 사랑하기 위해 지음 받았다.

이런 모든 사실들을 볼 때 삼위일체 하나님의 본성은 다른 신들의 본성과는 전혀 다르다. 『스크루테이프의 편지』*The Screwtape Letters*에서 C. S. 루이스Lewis는 기쁨이 넘치고 자기를 나누어 주며 사랑이 넘쳐나는 살아 계신 하나님과 마귀(최고로 굶주려 있고 고독한 신)와의 차

이를 잘 포착했다. 고위급 마귀인 스크루테이프는 이렇게 쓰고 있다.

인간을 향한 하나님의 사랑이니 하나님을 섬기는 완전한 자유니 하는
말은 단순한 선전문구(그렇다면 얼마나 좋겠냐마는)가 아니라 실제로 간
담이 서늘해질 만큼 소름끼치는 사실임을 직시해야 한다. 실제로 우리
의 원수는 자신을 닮은 수많은 혐오스런 작은 복제인간들—원수에게
흡수되어서가 아니라 자발적으로 원수의 뜻에 따른 결과 작게나마 질적으로
원수의 삶과 같이 사는 피조물들—로 온 우주를 채우려고 한다. 우리는 결
국에는 식탁에 올릴 소를 원하지만 그는 마침내는 자신의 아들로 삼을
종을 원한다. 우리는 빨아들이고 싶어 하지만, 그는 나누어 주고 싶어
한다. 우리는 비어 있어서 채워져야 하지만 그는 충만해서 넘쳐흐른다.[3]

스크루테이프는 혼자가 아니다. 그의 생각은 에베소 사람들이 아데미 여신에 대해 갖는 생각과 놀랍도록 닮아 있다. 사도행전 19장에서 우상 만드는 사람인 데메드리오는 바울이 "사람의 손으로 만든 것들은 신이 아니라"고 말하고 다니도록 내버려 둔다면 다음과 같이 될 것이라며 불평했다.

> "우리의 이 영업이 천하여질 위험이 있을 뿐 아니라 큰 여신 아데미의 신전도 무시당하게 되고 온 아시아와 천하가 위하는 그의 위엄도 떨어질까 하노라" 하더라. 그들이 이 말을 듣고 분노가 가득하여 외쳐 이르되 "크다, 에베소 사람의 아데미여" 하니(행 19:27-28).

다시 말해, 아데미 여신의 신적 존엄은 그녀를 숭배하는 자들의 섬김에 좌지우지된다. 이는 아데미 여신 자체로는 공허하며 무언가에 기생하고 있다는 것처럼 들린다. 마치 그녀의 위엄은 아무것도 없고 단지 그녀의 추종자들이 신전에 던져준 은화의 반짝임에 불과한 것처럼 말이다.

여기서 비극은 많은 사람들이 하나님을 단지 부려먹고 요구하며 착취하기 위해 우리를 만든 사악한 존재라고 생각한다는 것이다. 그러나 마귀와 삼위일체 하나님 사이의 차이가 이보다 더 극명할 수는 없을 것이다. 마귀는 공허하고 궁핍하며 탐욕스럽고 시기심이 가득한 반면, 삼위일체 하나님은 지극히 풍성하시고 관대하시고 기쁨이 넘치며 자기를 나누어 주신다.[4] 삼위일체 하나님은 창조하실 수 있고 또 그렇게 하신다. 그러므로 은혜를 단순히 죄를 지은 자들을 친절하게 대하는 것 정도로 축소해서는 안 된다. 창조 자체가 바로 하나님의 사랑이 흘러나오는 은혜의 사역이다. 사랑은 단순히 이런 하나님에 대한 반응이 아니다. 사실, 사랑은 반응과 전혀 상관이 없다. 하나님의 사랑은 창조적이다. **사랑이 먼저 우리를 찾아온다.** 하나님은 자신의 생명과 존재를 선물로 값없이 주신다. 이런 선물들은 그것들을 받아 누리는 사람의 삶에서 누룩과 같이 발효하고 확산되어, 그 삶이 하나님의 참된 선으로 더욱 채워지기에 이른다.

18세기 뉴잉글랜드 신학자 조나단 에드워즈는 이런 사실을 명확하게 서술한다. 그에 따르면, 하나님이 세상을 지으신 목적은 바로 자기 자신이다. 그러나 여기서 말하는 하나님 자신은 다른 존재와는 너무도 다른 분이시다. 따라서 이는 다른 신들이 자기 자신을 목적으로 세상을 만들었다는 것과는 전혀 다른 것을 의미한다. 이 하나님 자신은 무언가를 취하는 것이 아니라 주는 것에서 발견된다. 이 하나님은 선의 원천과 같다. 그래서 에드워즈는 하나님이 "자기를 추구하신다"는 것은 "자기를 발산하고 나타내기"를 추구하시는 것을 의미한다고 말한다. 다시 말해, 자신의 존재와 생명과 선하심을 나누기를 구하시는 것이다.[5] 하나님의 본성은 다름 아닌 자기 자신의 충만함을 내보내시고 나누시는 것과 관련이 있다. 하나님은 바로 그런 분이시다. 다른 모든 신들과 달리 하나님의 풍성한 본성은 곧 하나님의 기쁨은 "피조물로부터 무엇을 받으시는 데 있는 것이 아니라 피조물에게 자신을 발산하시고 나누어 주시는 데 있다"는 것을 의미한다.[6]

하나님의 사랑의 광채

사람들은 대개 "청교도"를 마치 움츠러들어 있고 냉담한 사람들인 양 생각한다. 고약하고 까다로우며 퉁명스러울 뿐만 아니라 비둘기도 그 머리에 둥지를 틀 수 있을 만큼 지루한 사람들이라고 여긴다. 글쎄, 그들 가운데 몇 명은 그랬을지도 모른다.

그러나 셰익스피어와 거의 동시대를 살았던 청교도 설교자요 신학자인 리처드 십스Richard Sibbes는 그렇지 않았다. 십스가 하나님의 사랑과 자애로움을 얼마나 매력적으로 증거하는지, 그는 사람들에게 "달콤한 입술을 가진" 설교자로 알려졌다. 하지만 이것은 십스가 밝은 기질을 갖고 태어났기 때문은 아니었다. 십스 자신은 하나님에 대한 우리의 생각이 우리를 가장 깊은 곳에서부터 빚어 나간다는 분명한 확신을 갖고 있었다. 우리는 우리가 예배하는 대상을 닮아 간다.

또한 십스는 삼위일체 하나님이 매력 있고 자애롭고 사랑스런 분이시라는 분명한 이해가 있었다. 십스는 생명을 주는 따뜻한 태양과 같은 살아 계신 하나님은 "모든 만물을 풍성하게 하기 위해 미물들에게 자신의 영광의 빛을 비추시고 그들을 감화시키기를 기뻐하시는 분이다. 그 선하심이 하나님께 있다는 것은 마치 물이 솟아나는 샘이나 젖을 냄으로 편안해지는 가슴 속에 있다는 것과도 같다"고 말했다.[7] 하나님은 따뜻하고 생명을 주는 자양분으로 가득 차 있고 우리가 받을 것보다 훨씬 더 주기를 기뻐하신다는 말이다. 그리고 십스는 이것이야말로 하나님이 세상을 창조하신 이유라고 설명한다.

만약 하나님이 이처럼 자신의 선하심을 나누고 퍼뜨리기를 기뻐하지 않는 분이라면 결코 세상을 창조하시지 않았을 것이다. 창세전부터 성부, 성자, 성령께서는 스스로 만족하시고 서로를 즐거워하셨다. 하나님이 자신의 선하심을 나

누고 전파하기를 기뻐하지 않는 분이라면 창조나 구속은 결코 없었을 것이다.[8]

하나님은 자신의 만족이나 자기 자신이 되기 위해 세상을 지으실 **필요**가 있었던 게 아니다. 이 하나님의 신적 위엄은 세상에 기대고 있지 않다. 성부, 성자, 성령께서는 "창세전부터 스스로 만족하시고 서로를 즐거워하셨다." 그러나 성부께서는 성자와의 교제가 너무나 즐거워 이 교제를 통한 선하심이 퍼져 나가 다른 존재들에게도 나누어지고 공유되기를 원하셨다. 창조는 무無가 아니라 사랑에서 비롯된 자유로운 선택의 행위였다.

십스가 두드러진 경건의 모델이 될 수 있었던 것은 하나님이 참으로 찬란한 분, 선하심과 사랑으로 빛나는 분이시라는 것을 알았기 때문이다. 십스는 말한다. "하나님의 성령으로 인도하심을 받는 사람은 하나님을 닮는다. 나누고 확산되는 선 곧 자신을 퍼뜨리기를 원하는 선을 가졌기 때문이다."[9] 다시 말해, 하나님의 사랑을 앎으로 인해 십스는 사랑스런 사람이 되었다. 그리고 하나님이 누구이신지에 대한 십스의 이해는 그를 다른 사람들의 마음을 사로잡는 온정을 가진 설교자이자 작가로 변화시켰다. 그의 설교를 통해 하나님의 사랑스러움이 밝게 빛났고 그의 저작들을 통해 이 사랑스러움은 여전히 빛나고 있다. 십스의 삶을 들여다보면, 그는 따뜻한 품성을 도야하고 우정을 지속하는 매우 비범한 능력을 갖고 있었던 것이 분명하다. 그의 하나님을 닮아 간 것이다.

삼위일체 하나님은 어떻게 창조하셨는가?

성자를 향한 성부의 사랑이 창조 이면의 모티브이기 때문에 니케아 신조는 창조를 특별히 성부께로 돌린다. "우리는 한분 하나님, 전능하신 성부, 천지의 창조자를 믿습니다." 성부의 사랑이 흘러나와 그분의 명령으로 천지가 지어졌다. 그래서 요한계시록 4:11의 외침은 특별히 성부께로 향한다. "우리 주 하나님이여, 영광과 존귀와 권능을 받으시는 것이 합당하오니 주께서 만물을 지으신지라. 만물이 주의 뜻대로 있었고 또 지으심을 받았나이다."

그러나 창세기 1장에서 볼 수 있는 것처럼, 하나님은 말씀과 성령으로 천지를 지으신다. 그래서 2세기 신학자인 리용의 이레니우스 Irenaeus는 성자와 성령을 성부의 "두 손"이라고 말하기를 좋아했다. 물론 이레니우스가 성자와 성령은 참 인격이 아니라고 생각해서 그렇게 말한 것은 아니다(예수님 자신도 성령을 가리켜 "하나님의 손가락"이라고 하셨다. 마태복음 12:28, 누가복음 11:20과 비교해 보라). 성자와 성령께서는 성부의 뜻을 실현시키는 성부의 대리인이다.

그렇지만 창조의 사역에서 성자와 성령께서 하신 역할은 좀 달랐다. 앞 장에서 살펴본 바와 같이 창세기 1장을 보면 말씀이 수면 위에 운행하시는 성령의 능력 가운데 나와 하나님의 숨을 통해 선포되었다. "빛이 있으라!" 이처럼 성부는 자신의 말씀을 **통해** 창조를 이루시고(요 1:3), 이때 말씀은 하나님의 창조를 실행하는 팔로 존재한다. 이 말은 곧 성자께서 성부의 창조 사역에 온전히 함께 하신다는 말이다. 그래서 사도 바울은 이렇게 쓴다. "그는 보이지 아니하는 하나님의 형상이시요 모든 피조물보다 먼저 나신 이시니, 만물이 그에게서 창조되되 하늘과 땅에서 보이는 것들과 보이지 않는 것들과 혹은 왕권들이나 주권들이나 통치자들이나 권세들이나 만물이 다 그로 말미암고 그를 위하여 창조되었고"(골 1:15-16).

"그를 위하여." 성부께서는 성자를 향한 넘치는 사랑으로 말미암 아 천지를 창조하셨다. 창조는 성자를 위한 성부의 선물이다. 성부께 서 성자를 상속자, "만유의 상속자"로 삼으신 것이다(히 1:2, 또한 신 32:8-9, 시 2:8을 보라). 그래서 성자께서는 창조의 동기가 된 기원이 실 뿐 아니라 창조의 목적이시기도 하다. 성자께서는 알파와 오메가, 창조의 시작과 끝이시다. 여기서 우리는 놀라운 사실을 대면한다. 성 자를 향한 성부의 사랑이 분출되어 우리에게 나누어지기 때문에 성 자의 기업 역시 우리에게 나누어진다는 것이다(이것은 보통 놀라운 일 이 아니다!). "자녀이면 또한 상속자 곧 하나님의 상속자요 그리스도 와 함께 한 상속자니 우리가 그와 함께 영광을 받기 위하여 고난도 함께 받아야 할 것이니라"(롬 8:17). 이는 성부께서 성자를 향한 자신 의 사랑을 우리와 나누신다는 놀라운 진리에 대한 구체적인 표현이 다. 온유한 자는 땅을 기업으로 받을 것이요!

그래서 성경을 보면 창조를 성부의 사역(성자를 향한 사랑으로 이 루어진 사역)으로 말하는 구절이 있는가 하면, 또 다른 구절은 창조를 성자의 사역(성부의 뜻을 이루는 사역)으로 말한다. 하지만 성령의 사 역으로 말하는 구절도 있다. "여호와의 말씀으로 하늘이 지음이 되

알파와 오메가 성자께서는 창조의 동기이자 목적 곧 창조의 시작과 끝이시다.

었으며 그 만상이 그의 **입 기운**(또는 성령)으로 이루었도다"(시 33:6). 어떻게 그렇게 되는가? 성령의 역할은 무엇인가? 우리는 이미 성령께서 말씀을 능력 있게 하신다는 것을 살펴보았다. 하지만 성령께서는 그 이상을 하신다. 성자께서 만물을 견고하게 하시고 붙드시는 동안(히 1:3), 성령께서는 성자의 창조사역을 완전하게 하시고 완성하신다. 욥기 26:13은 이런 사실을 유쾌하게 그리고 있다. "그의 입김으로 하늘을 맑게 하시고." 다시 말해, 성령께서는 하늘과 땅을 단장하여 아름답게 하신다. 창세기 1장에서 우리에게 처음으로 보이시는 성령, 비둘기처럼 수면을 운행하시는 성령의 모습은 무언가 핵심적인 사실을 담아내고 있다. 어미 비둘기가 알을 품는 것처럼 성령께서는 피조물에 생기를 불어넣어 생명을 갖게 하신다. 그래서 니케아 신조는 성부를 "천지의 창조자"로 고백하면서 성령을 "주님이자 생명을 주시는 분"으로 말한다.

생명은 항상 하나님께 있던 것으로 이제 하나님께서는 창조 시에 우리와 함께 그 생명을 나누신다. 하나님께서는 성령으로 말미암아 우리에게 생명을 불어넣으신다. 단지 처음에만 그러시는 것이 아니다. 생명을 불어넣으시는 것은 언제나 성령의 사역이다. 욥기에서 엘리후는 "하나님의 영이 나를 지으셨고 전능자의 기운이 나를 살리시느니라"고 한다(욥 33:4). 창조 안에서 성령께서는 계속해서 생명을 주시고 새롭게 하신다. 성령께서는 자신의 창조세계—자신의 피조물—를 풍성하게 하기를 기뻐하신다. 이사야는 "마침내 위에서부터 영을 우리에게 부어 주시리니 광야가 아름다운 밭이 되며 아름다운 밭을 숲으로 여기게" 되는 때에 대해 말한다(사 32:15). 시편 기자는 노래한다. "주의 영을 보내어 그들(피조물)을 창조하사 지면을 새롭게 하시나이다"(시 104:30). 그렇다면 창조성이나 정교하게 단장하여 아름답게 만드는 기술이 성령의 은사라는 것은 새삼스런 일이 아니다.

여호와께서 모세에게 말씀하여 이르시되 내가 유다 지파 훌의 손자요 우리의 아들인 브살렐을 지명하여 부르고 하나님의 영을 그에게 충만하게 하여, 지혜와 총명과 지식과 여러 가지 재주로 정교한 일을 연구하여 금과 은과 놋으로 만들게 하며 보석을 깎아 물리며 여러 가지 기술로 나무를 새겨 만들게 하리라(출 31:1-5).

성령께서 자신의 피조물을 아름다움으로 생기 넘치게 하신다. 제라드 맨리 홉킨스Gerard Manley Hopkins는 이를 잘 간파하고 있었다. 그는 죄로 찌들어 버린 지금의 세상조차도 새롭게 하시는 성령의 사역에 대해 썼다.

> 만물 깊은 곳에 가장 소중한 생기가 살아 있다.
> 비록 마지막 빛들이 검은 서녘 너머로 자취를 감추지만
> 오, 어느새 동녘 갈색 너머로 아침이 솟아오른다.
> 성령께서 이 구부러진 세상을 따뜻한 가슴으로
> 그리고 아! 빛나는 날개로 품고 계시기 때문이다.[10]

"좋았더라"

성부 하나님은 자기 외에 다른 존재(자기의 영원한 아들)와 함께 머물기를 기뻐하시는 분이다. 그것을 선하게 여기시는 분이다. 그래서 그분은 자신의 피조세계를 보고 좋다고 외칠 수 있는 하나님이시다. 만약 하나님이 영원 전부터 외로이 자기에게만 몰두하는 존재라면 그렇게 할 수 없었을 것이다. 하나님 곁에 다른 무언가가 있다면 그것은 분명 성가신 존재거나 어쩌면 경쟁자로 나타났을 것이다. 막대한 영향력을 행사하는 무슬림 신학자 아부 하미드 알-가잘리Abu Hamid al-Ghazali, 1056-1111가 기록한 한 대목을 일례로 들 수 있다. "신은 정말로 사람들을 사랑하지만, 실제로는 자기 자신 외에는 아무것도 사랑하지 않는다. 그가 존재의 총화이고, 그 외에는 아무것도 없다는 점에서

그렇게 말할 수 있다.”[11]

실제로 알라는 “자기 자신 외에는 아무것도 사랑하지 않기” 때문에, 다른 존재들을 향한 사랑을 나타내느라 밖을 향해 돌아서지 않는다. 이렇게 알라 외에는 다른 것이 존재할 이유가 있을 수 없다. 따라서 정말 “그 외에는 아무것도 없게” 된다. 물론 쿠란은 알라의 사랑을 이야기하고 그의 창조를 이야기한다. 하지만 어떻게 그런 일이 가능한지는 미지수다. 이슬람 사고체계에서 우주는 그저 그림자요 불확실한 존재에 불과하다.

주변의 종교들을 한번 둘러보라. 절대적으로 혼자인 최고의 존재들은 분명 피조물의 존재에 대해 유독 어색해하는 경향을 보인다. 이런 종교 체계에서 보통 물리적인 것은 부정적이고 주의해야 할 것으로 여겨진다. 이런 신들이 주는 소망은 대개 그 신을 대면하거나 알거나 관계를 맺는 것을 포함하지 않는다. 그들은 “낙원”을 제공하기는 하지만, 정작 자신은 거기에 없다. 뭣하러 이 신들이 피조물들과 관계하고 싶어 하겠는가?

우리가 뭉뚱그려 영지주의라고 부르는 2세기와 3세기 믿음들이 이와 관련된 좋은 예라 할 수 있다. 댄 브라운^{Dan Brown}의『다빈치 코드』^{The Da Vinci Code}를 읽거나 영화로 본다면 그 속에서 영지주의를 만날 수 있을 것이다. 댄 브라운의 세계에서 정통 기독교는 권위주의적이고 광신적이며 편협하기 이를 데 없는 종교다. 기독교의 하나님은 분명 이런 하나님이고 이런 하나님을 섬기는 종들 역시 마찬가지일 뿐이다. 반면에 역사의 언저리에서 핍박을 받거나 도망쳐 숨어야 했던 사람들이 바로 영지주의자들이다. 댄 브라운의 생각에 영지주의자들은 열린 마음을 가졌고 관용적이며 원조 페미니스트인 좋은 사람들이다.

좋다. 정말로 그런지 한 번 보자. 영지주의에 의하면, 만물은 일자$^{\text{The One}}$로부터 시작되었다.[12] 다시 말해 영적인 영역 외에 다른 것은 아무것도 없었다. 모든 것이 좋았고 신성했다. 지금 당신이 있는 방을 바로 그런 영적인 영역이라고 가정해보자. 그 방에는 평온함과 더불어 친구들에게 권할 만한 정말 좋은 책이 있다. 마치 그 방 밖에는 아무것도 존재하지 않는 것 같다. 바로 그때 무언가 잘못된 일이 일어나 방이 어지러워진다. 개가 갑자기 카펫에 토를 하기 시작한다고 해보자. 물론 책을 계속 붙들고 싶은 마음이 간절하고, 그러려면 방에 있는 모든 방해거리를 문 밖으로 내쳐야 한다. 하지만 그렇게 모든 골칫거리들을 방 밖으로 내버리면, 그 즉시 불쾌하고 비위 상하는 것이 방 밖에 존재하기 시작한다. 영지주의에서 말하는 창조가 바로 이런 것이다. 영적인 것만이 존재하던 때가 있었는데, 무언가 잘못되었고 그렇게 잘못된 것이 영적인 영역에서 내쳐졌다. 이제 영적인 영역 밖에 무언가가 존재하는데 그것이 바로 물리적인 우주가 되었다.

창세기에서는 선한 창조가 있었고 **그 후에** 그것이 타락으로 악하게 되었다고 하는 반면, 영지주의에서는 **처음에** 악으로의 타락이 있었고 창조는 그 결과라고 여긴다. 영지주의자들에게 일자는 선했다. 그리고 일자 이외의 모든 존재는 악하다. 그러므로 영지주의자들은 일자 외의 다른 것(우주, 우리의 몸, 모든 물리적인 것)을 일자가 게

"사람이 독처하는 것이 좋지 못하니"

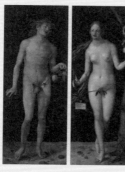

창세기 1장에서 "하나님이 보시기에 '좋았더라'"를 "안 좋았더라"로 바꾸어서 읽는 영지주의자들이 창세기 2장과 하와의 창조 이야기를 어떻게 읽을지 상상해 보라. 영지주의자들에게 창세기 2장은 긍정적으로 시작한다. 남자가 혼자이기 때문이다. 오직 한 사람만 있다. 그것이 좋은 것이다. 그런데 그 다음에 끔찍하게도, 마치 영적인 영역에서 물리적인 영역이 배설되는 것처럼 아담으로부터 하와가 나온다. 이제 두 사람이다. 두 가지 영역(영적인 영역과 물리적 영역)이 존재하는 것이 악한 것처럼 두 가지 성이 존재하는 것도 악하다. 더욱 특별하게도 여자의 존재가 악하다. 그래서 영지주의 복음서인 도마복음 마지막 절은 이렇게 말한다. "시몬 베드로가 그들에게 말했다. '마리아가 우리를 떠나게 하소서. 여자는 생명을 받기에 합당하지 않나이다.' 예수께서 가라사대, '내가 친히 그녀가 남자가 되도록 이끌 것이라. 그리하여 그녀 역시 너희 남자들을 닮은 생령이 되게 하리라. 자신을 남자로 만들 모든 여자들은 하늘나라에 들어갈 것이기 때문이니라.'"13

전체 맥락에 맞지 않거나 어색한 구절이 우연히 도마복음 끝부분에 들어간 게 아니다. 영지주의 사고의 자연스런 결론이다. 물리적인 영역과 여성성으로 인해 두 영역, 두 성별이 존재하게 된 것은 비극이다. 그러나 정작 비극은 홀로 외롭게 있는 최고의 존재다. 자기 외에 다른 존재가 있는 것을 참지 못하기에 물리적인 영역과 여성성을 감추어 버리거나, 그렇지 않더라도 오직 자기만족을 위해 사용하는 것이 이 존재에게는 자연스럽다. 그래서 여성들에게 적어도 영지주의적 구원이란 남성과 여성의 구분이 사라지는 것을 의미한다. 그렇기 때문에 댄 브라운이 영지주의자들을 관용적인 원조 페미니스트로 암시하는 내용은 참으로 공허할 뿐이다.

그렇다면 그리스도인은 남성 우월주의자들이란 말인가? 하나님은 혼자가 아니라는 사실을 믿을 때에라야 사람이 독처하는 것이 좋지 않다는 말을 충분히 공감할 수 있다. 하나님은 혼자가 아니시기 때문에 하나님의 형상을 따라 지음 받은 사람도 혼자여서는 안 된다. 그러므로 그리스도인들은 창조뿐 아니라 물질적인 것, 여성성, 관계, 결혼 모두를 본질적으로 선한 것이자 홀로 계시지 않은 하나님을 반영해서 창조된 것으로 인정했다.

삼위일체가 아니라면 궁극적으로 이런 것들을 긍정하기 어렵다. (물론, 단순히 남자와 여자 모두 같은 인간이기 때문에 동등하다고 주장할 수는 있겠지만, 이런 말은 전혀 매력적으로 들리지 않을 뿐더러 그러한 것들이 즐길 정도로 완전히 선하다고 볼 근거도 제공하지 않는다.) 사도 바울은 고린도전서 11:3에서 그리스도의 머리는 하나님인 것처럼 아내의 머리는 그녀의 남편이라고 한다. 그러나 만약 성자가 성부보다 못한 하나님이라면, 아내는 그녀의 남편보다 못한 인간인가? 성부와 성자가 성령 안에서 하나라는 믿음이 없다면, 왜 남편은 자기 아내를 자기보다 못한 인간으로 대하면 안 되는가? 하지만 만약 남편이 아내의 머리가 된다는 것이 어쨌든 성부께서 성자의 머리가 되신다는 것과 유사한 관계라면, 이 얼마나 사랑스런 관계가 되어야 하겠는가! 성부의 정체성은 다름 아닌 성자에게 생명과 사랑과 존재를 주시는 것과 관계가 있다. 이 모든 것이 성자를 향한 사랑에서 이루어진다.

물론 이것이 곧 그리스도인들이 이 땅에서 항상 모든 일들을 바로 하고 이런 믿음을 온전히 살아 낸다는 것을 뜻하지는 않는다. 하지만 기독교가 선천적으로 남성 우월주의를 외치는 종교라는 생각에는 강하게 반대할 수 있는 출발점이 된다. 삼위일체를 믿는 신앙은 정확히 남성 우월주의에 **대항하여**, 조화로운 관계 속에서 누리는 기쁨을 **위해** 기능한다.

역사적으로 기독교는 고대 그리스-로마 시대 때 전파되기 시작했다. 연구에 따르면 당시에는 아무리 대가족이라고 해도 딸이 한 명 이상 있는 집이 극히 드물었다. 수 세기 동안 그 많은 나라에서 어떻게 그런 일이 가능했단 말인가? 아주 간단히 말해 대체로 불필요하게 여기는 성으로 인한 부담을 덜기 위한 낙태와 영아 살해가 횡행했다는 말이다. 그렇게 보면 기독교 신앙이 특별히 여성들에게 매력적으로 다가가 초기 기독교에 여성 회심자가 매우 많았던 것도 새삼스런 일이 아니다. 기독교는 생명을 위협하는 고대의 낙태시술을 비난했다. 이교와 달리 기독교는 남편들의 부정을 못 본 척하지 않았다. 과부들은 교회를 통해 부양받을 수 있었고 실제로 부양받았다. 심지어 복음 안에서 "동역자"로 환영받기까지 했다(롬 16:3). 기독교에서 여성은 소중한 존재였다.

워 놓은 해로운 토사물과 같은 것으로 이야기한다. 그들이 말했던 좋은 소식이란, 마치 개가 토한 것을 다시 먹는 것처럼 일자가 토했던 것을 다시 빨아들여 돌려놓으리라는 것이었다. 그제야 모든 물리적인 것이 영적인 것에 의해 삼켜져 다행히 모든 것이 다시 일자로 돌아가고, 우주는 존재했더라도 일자의 정신 안에서 당혹스런 기억으로만 남는다.

절대적으로 단일한 최고의 존재들은 창조를 좋아하지 않는다.

창조에 나타난 하나님의 선하심……

삼위일체 하나님은 본성적으로 충만하시고 흘러넘치시고 아낌없이 나누어 주시는 분이다. 성부께서는 다른 누군가의 곁에 있기를 기뻐하시고 사랑을 충만히 쏟아 내시는 가운데 자신의 참모습을 발견하신다. 창조는 하나님의 이런 사랑을 퍼뜨리고 발산하고 외부로 폭발시키는 것이다. 이런 하나님은 탐욕스럽고 굶주리고 이기적인 존재와는 정반대다. 하나님은 자기를 주심으로 자연스럽게 자신의 생명과 선하심을 내보내신다. 그러므로 하나님은 모든 선한 것의 원천이시다. 이는 하나님은 사람들을 선한 것들 가운데서 누리는 행복을 떠나 하나님 자신에게로 오도록 불러들이는 신이 아니라는 말이다. 하나님과 함께할 때만 선함과 궁극적인 행복을 찾을 수 있다. 하나님 없이는 불가능하다.

삼위일체이신 창조주의 이런 풍성한 본성으로 인해 창조를 보는 우리의 태도가 확연히 달라진다. 만약 마르둑이 자기만의 방식으로 세상을 다스렸더라면 우리는 노예로 존재했고, 창조란 그저 계속해서 일하도록 하는 원료를 제공하는 행위에 불과했을 것이다. 하지만 현실은 이렇다. 창조에는 값없이 주어진 것들과 필요 이상의 풍성한 아름다움이 있고, 이로 인해 만개한 것들과 기쁨을 통해 우리는 순전히 후하게 베푸시는 성부를 누릴 수 있다. 사실 C. S. 루이스가 말했던 것처럼, 하나님을 보는 우리의 여러 생각들이 우리가 하나님을 순전히 누리지 못하도록 한다 하더라도 동물들은 그렇지 않다. 제2차 세계대전 직후 친구인 오웬 바필드Owen Barfield에게 보낸 편지에서 루이스는 다음과 같이 언급한다.

> 짐승들과 새들을 보면 이런 차이를 확인할 수 있네. 어떤 동물의 생애를 과학적으로 설명해 놓은 글들을 읽으면 고되고 끊임없이 이어지는, 거의 합리적인 경제활동을 하는 것 같은 인상을 받을 것이네.……하지만 동물들을 잘 살펴보면 모든 행동이 유쾌하게 둔할 뿐더러 거의 초점 없이 이루어진다는 사실에 놀라게 될 것이네. 바필드, 자네가 뭐라고 하든 세상은 그들이 생각하는 것보다 더 순진무구하고 재미나다네.[14]

이것이 모든 차이를 만든다. 이 세상은 단지 생존을 위해 발버둥 쳐야 하는 암울한 황무지와 같은 곳, 이를테면 신들의 작업장과 같은 곳인가? 아니면 더없이 자애롭고 후히 주시는 성부의 선물인가?

······그리고 악

만약 하나님이 삼위일체로 계시지 않는다면, 상황은 더 악화된다. 창조의 선함(앞에서 살펴본 것처럼)은 물론 세상에 악이 존재하는 것을 설명할 길이 없기 때문이다. 하나님이 지존자라면 악은 하나님과 대등하게 영원토록 존재하는 적수가 될 수 없다. 그렇지만 만약 하나님이 그분의 지존하심 가운데 절대적으로 고독한 분이라면 분명 악은 다름 아닌 하나님 안에서 기원할 수밖에 없다. 무엇보다 그 하나님은 만물의 원천이므로, 선은 물론 악의 기원이기도 해야 한다. 두말할 것도 없이 하나님이 혼자인 것은 좋지 않다.

그러나 삼위일체 하나님은 다른 피조물이 실제로 존재할 여지를 마련하실 하나님이다. 성자를 두기를 기뻐하시는 성부께서는 그들 자신의 진정한 삶을 살아갈 많은 자녀들을 창조해 성부 자신이 항상 누려 오셨던 사랑과 자유를 나누기로 작정하신다. 삼위일체 하나님의 피조물은 단순히 하나님이 외연적으로 확장된 결과가 아니다. 하나님은 그들에게 생명을 주시고 인격적인 존재가 되게 하신다. 생명과 인격을 허용하셨다는 것은 곧 하나님 자신을 등질 가능성도 열어 두신 것을 말한다. 이것이 바로 악의 기원이다. 은혜롭게도 피조물이 자신의 존재를 갖도록 하심으로 삼위일체 하나님은 자신이 악을 만드신 분은 아니면서도 피조물이 하나님을 거역할 자유를 허용하신다.

조화로부터 조화에 이르기까지

기독교는 항상 음악에 대한 특별한 애착을 보여 왔다. 교회에 생명이 있는 것처럼 성경에는 음악이 가득하다. 17세기 시인인 존 드라이든 John Dryden은 "성 세실리아 축일을 위한 송가"A Song for St. Cecilia's Day. 성 세실리아는 교회 음악의 수호성인이다에서 그 이유를 설명하려고 했다.

> 조화로부터, 천상의 조화로부터
>
> 우주의 틀이 시작되었네.
>
> 자연이 충돌하는 원소가
>
> 더미 아래 놓여 있어
>
> 고개를 들 수 없었을 때,
>
> 위로부터 감미롭고 조화로운 소리가 들렸네.
>
> "죽음에서 일어날지어다!"
>
> 그러자 추위와 더위와 물과 공기가
>
> 자신의 자리에 오르기 위해
>
> 조화로운 음악의 권능에 복종하네.
>
> 조화로부터, 천상의 조화로부터
>
> 우주의 틀이 시작되었네.
>
> 조화로부터 조화에 이르기까지
>
> 모든 음역 사이로 조화로운 선율이 내달렸고
>
> 그 선율은 인간에게서 완성되었네.

드라이든의 가사는 기독교 세계 전반에 걸쳐 울리는 메아리가 되었다. 『마법사의 조카』The Magician's Nephew에서 C. S. 루이스는 그리스도를 표상하는 아슬란이 노래로 나니아를 창조하는 것을 생동감 있게 그려낸다. 루이스의 친구 톨킨J. R. R. Tolkien은 『실마릴리온』The Silmarillion에서 우주의 창조를 음악적인 사건으로 묘사한다. 또한 18세기 헨델G. F. Handel이 드라이든의 송가를 음악으로 담아낸 덕분에, 창세기 1장을 연상시키는 극적인 고요와 공허 이후에 천상의 조화로 인해 명랑한 기쁨이 터져 나오는 것을 실제 음악을 통해 감상할 수 있게 되었다.

이 우주의 전체적인 틀─그리고 창조된 모든 조화─은 성부, 성자, 성령께서 이루시는 천상의 조화에서 비롯된다. 감미롭고 조화로운 선율을 듣는 것은 가장 황홀하고 아름다운 경험 가운데 하나일 것이다. 하늘에서와 마찬가지로 땅에서 이런 조화를 경험하는 것은 놀라운 일이 아니다. 성부, 성자, 성령께서는 항상 감미로운 조화를 누려 오셨기에 선하면서도 삼위일체 하나님의 존재를 고스란히 반영하는 조화로움─개별적인 존재들, 사람들, 곡조들이 한데 어우러지는 조화로움─이 있는 세상을 지으신다.

성부, 성자, 성령이 이루시는 영원한 조화가 세상의 이치를 이룬다. 세상 만물은 이 이치를 따라 유쾌한 가운데 존재하도록 지어졌다. 죄와 악으로 말미암은 불화에도 불구하고 여전히 세상은 근본적으로 조화를 이룬다. 4세기 신학자 아타나시우스가 성자 하나님을 음악가에, 우주를 그분께서 연주하는 수금에 비유한 것도 이 때문이다.

요한 제바스티안 바흐 바흐는 음악을 통해 창조의 아름다움을 표현하였다. 음악에 담긴 질서와 조화는 창조를 반향하는 것이었다.

수금을 타는 음악가가 자신의 음악적 재능으로 고음을 저음에 맞추고 중음을 나머지 다른 음에 맞추어 조율하는 작업을 통해 결국 하나의 음률을 만들어 내는 것처럼, 하나님의 지혜 역시 우주를 수금처럼 다루시면서 공중에 있는 것들을 땅에 있는 것들과, 하늘에 있는 것들을 공중에 있는 것들과 조화를 이루게 하시고, 부분들을 전체로 연합시키시고 그 모든 것을 하나님의 손짓과 의지로 이끄셔서 그 결과 우주의 통합과 질서를 창출해 내신다.[15]

하나님에 대한 이런 생각은 많은 그리스도인 음악가들에게 영감을 불어넣었다. 일례로 바흐^{J. S. Bach}는 인간 음악가는 신성한 음악가가 만들어 내는 우주적인 하모니를 반향하고 소리로 표현한다는 확신을 갖고 그 일에 전념했다. 음악에 담긴 질서정연함, 단조와 장조, 어둠과 빛은 모두 창조라는 위대한 교향곡의 구성을 반향한 것이다. 바흐는 이런 음악을 작곡하면서 지성에 도전을 주고 감정을 자극하여 아주 의도적으로 머리와 가슴 양편에 동력을 제공하고자 했다. 음악 이면에 자리한 궁극적인 실체는 대단히 매력적일 뿐 아니라 이루 말할 수 없을 만큼 아름답기 때문이다.

바흐보다는 젊지만 동시대를 살았던 조나단 에드워즈 역시 음악을 열렬히 좋아했다. 에드워즈가 가장 좋아하던 단어 가운데 하나가 바로 '조화'harmony였다. 성부, 성자, 성령께서 이루시는 "최고의 조화"를 선포하면서, 에드워즈는 바흐와 마찬가지로 우리가 함께 하모니를 이루어 노래할 때(그의 가족들은 종종 그렇게 노래를 불렀다) 하나님 자신의 아름다움을 반영한다고 믿었다.

> 마음의 감미로운 조화를 서로에게 표현하는 가장 탁월하고도 아름다우며 완벽한 방법은 바로 음악이다. 최고의 행복을 구가하는 사회를 속으로 떠올릴 때 나는 각 구성원이 감미로운 노래로 서로를 향해 가진 사랑, 기쁨, 내면의 일치와 조화, 영혼의 신령한 아름다움을 표현하는 사회를 생각한다.[16]

가장 심오하고도 황홀한 아름다움은 삼위일체가 이루어 내는 천상의 하모니에서 발견된다. 칼 바르트는 이렇게 말했다. "하나님의 삼위일체는 그분의 아름다움의 비밀이다."[17] 물론이다. 삼위의 생기 넘치는 조화, 빛나는 사랑, 넘쳐흐르는 하나님의 선하심 안에서 발견되는 아름다움은 스크루테이프가 묘사하는 것처럼 홀로 존재하는 이 기적이고 단조로운 신의 모습과는 전혀 다르다. 또한 이 하나님은 자신의 사랑과 생명을 넘치도록 부어 주시는 분이기 때문에 우리는 또한 이렇게 말할 수 있다. "하나님의 삼위일체는 **모든** 아름다움의 원천이다."

하늘이 선포하는 것

시편 19편은 "하늘이 하나님의 영광을 선포한다"는 말로 시작한다. 하나님의 권능과 광대함을 가리키는 대목이라는 것을 어렵지 않게 짐작할 수 있다. 당신은 하늘을 보면서 창조주의 초월적인 능력과 주권을 생각한다. 그러나 하나님의 능력은 어떻게 하나님이 모든 것을 존재하게 하셨는지에 대해서만 말해 줄 뿐 왜 그렇게 하셨는지에 대해서는 말하지 않는다.

자, 다시 한 번 하늘을 올려다보자. 삼위일체 하나님은 단순히 별들을 여기 하나 저기 하나 놓아두시지 않았다. 수백만, 수십억 개의 별들을 하늘에 아낌없이 뿌려 놓으셨다. 시편 19편이 계속해서 말하는 것처럼, 하나님은 하늘에 해를 두셔서 온 세계에 온기와 빛과 생명을 주신다. 구름도 두셔서 만물이 자라도록 비를 내려 주신다. 하늘은 하나님의 자애로운 관대함을 선포한다. 이것이 바로 하나님이 천지를 지으신 이유다.

그러니 다음에 해와 달과 별들을 올려다 볼 때에는 감탄하면서 동시에 기억하라. 해, 달, 별들이 거기 있는 이유는 하나님이 사랑하는 분이시기에, 성자를 향한 성부의 사랑이 수많은 사람이 누릴 수 있을 정도로 터져 나오기 때문이라는 것을. 해, 달, 별들은 오직 하나님의 사랑이 멈추지 않기 때문에 거기 있는 것이다. 하나님은 우리의 머리카락까지 세신 바 되시는 자상하기 이를 데 없는 아버지시다. 참새 한 마리가 땅에 떨어지는 것을 그냥 지나치지 않는 분, 사랑으로 성자를 통해 만물을 붙드시고 성령으로 말미암아 모든 만물에 생명을 주는 분이시다.

즐겁고도 풍성하며 널리 퍼지는 하나님의 선하심이 바로 창조의 이유다. 뿐만 아니라 삼위일체 하나님의 사랑과 선하심이 바로 모든 사랑과 선함의 근원이다. 17세기 청교도 신학자 존 오웬^{John Owen}은 성자를 향한 성부의 사랑이 "모든 사랑의 원천과 원형이고……피조물 가운데 드러나는 모든 사랑은 바로 이 원천에서 비롯된 그림자이자 초상"이라고 했다.[18] 맞다. 삼위일체 하나님은 모든 사랑 이면의 사랑, 모든 생명 이면의 생명, 모든 음악 이면의 음악, 모든 아름다움 이면의 아름다움, 모든 기쁨 이면의 기쁨이시다. 바꾸어 말하면, 삼위일체 하나님은 우리가 마음껏 누릴 하나님이시다. 우리는 하나님의 창조를 통해서 그분을 누린다.

1+1=?

우리가 사는 세계는 삼위일체 하나님이 지으신 세계이기 때문에 각기 다른 음들이 함께 명랑하게 울리고 다른 색들이 서로 보색을 이루며 사물이 한데 어우러지는 것이 가능하다. 사실 큰 아이러니 가운데 하나가 바로 여기에 있다. 삼위일체는 수학적으로 말이 안 된다(1+1+1=1)는 이유로 항상 비웃음을 당하지만 정작 수학에 강력한 근거를 제공하는 것이 바로 삼위일체라는 사실이다.

언뜻 보면 수학은 어떤 형태의 종교적 견해와도 멀리 떨어져 있는 분야로 보인다. 당신이 예수를 사랑하든 알라를 섬기든 나무들을 꼭 끌어안고 살아가든 "1+1=2"인 것은 분명하다. 하지만 모두에게 그런 것은 아니다. 선불교도와 베단타 힌두교도들과 같은 일원론자들에게 실재는 모든 것이 하나라는 사실이다. 그래서 나는 당신과는 다른 사람으로 보이지만 유감스럽게도 그렇게 드러나 보이는 모습은 단지 환영일 뿐이다. 나는 당신이다. 안됐지만 "2" 같은 것은 없다. 궁극적으로 1+1=1이다.

수학이 어떤 식으로든 진정한 의미를 갖기 위해서는 궁극적 복수성 ultimate plurality과 같은 것이 필요하다. "2"가 실제로 어떤 의미를 갖기 위해서도 마찬가지다. 하지만 1+1이 때때로 83으로 드러나지 않고 항상 2가 되기 위해서는 궁극적 단일성ultimate unity과 같은 것 역시 필요하다. 이처럼 수학이 사리에 맞고 의미가 있기 위해서는 단일성 안에서 궁극적 복수성이 존재해야 한다.

3

구원: 자신의 것을 나누시는 성자

내가 아버지의 이름을 그들에게 알게 하였고 또 알게 하리니
이는 나를 사랑하신 사랑이 그들 안에 있고 나도 그들 안에 있게 하려 함이니이다.

요한복음 17장 26절

뒤틀린 사랑

삼위일체 하나님은 선한 세계 곧 아름다움과 기쁨과 조화와 사랑이 넘치는 세계를 창조하셨다. 여전히 세계는 선하며 우리는 오늘도 이 세계를 누린다. 하지만 지금 그 조화는 증오로 인해, 기쁨은 고통으로 인해, 아름다움은 죽음으로 인해 망가져 있다. 무엇이 잘못되었는가? 바꾸어 말하면 창세기 3장에서 아담과 하와가 죄를 지었을 때 정확히 무슨 일이 벌어졌기에 우리는 구원을 필요로 하는 존재가 되었는가?

이 물음에 대한 대답은 원래의 "바른" 모습이 어땠는가에 달려 있다. 그리고 "바른" 모습이 어떻게 보이는지는 어떤 하나님을 믿는가에 달려 있다. 예를 들어, 단일 위격의 하나님을 생각해 보자. 이런 하나님의 창조는 넘치는 사랑에서 비롯된 것이 아니라 지배하고 섬김을 받기 위한 것일 뿐이다. 이 경우 "바르다"는 말은 바른 행실을 가리킬 뿐이다. 이런 하나님을 가정한다면, 창세기 3장에서 무엇이 잘못되었는가? 아주 간단히 말해, 아담과 하와는 하나님이 하지 말라고 말씀하신 행위를 했다. 그들은 순종에 실패했다. 이것이 어떤 면에서 우리가 정확히 창세기 3장을 통해 보는 것이다. 하나님이 아담에게 선악을 알게 하는 나무의 열매를 먹지 말라고 하셨지만 아담과 하와는 먹었다는 이야기 말이다.

하지만 이런 대답은 실제로 이르러야 할 곳에 제대로 도착하지 못한 것이다. 성경에서 죄는 우리의 행위보다 깊은 어떤 것이다. 실제로 우리는 "바른" 일을 하면서도 회칠한 무덤과 다를 바 없이 겉은 깨끗하지만 속은 썩어 있을 수 있다. 조나단 에드워즈는 심지어 마귀도 피상적인 의미에서의 선한 행위로 "바른" 일을 할 수 있다고 했다.

> 한번은 마귀도 형벌에 대한 두려움으로 신앙이 있는 것처럼 보였다. 누가복음 8:28을 보자. "예수를 보고 부르짖으며 그 앞에 엎드려 큰 소리로 불러 이르되 '지극히 높으신 하나님의 아들 예수여, 당신이 나와 무슨 상관이 있나이까. 당신께 구하노니 나를 괴롭게 하지 마옵소서' 하니." 여기에 형식적인 예배가 있다. 마귀도 종교적이다. 기도도 한다. 겸손하게 빌 줄도 안다. 그리스도 앞에 납작 엎드린다. 큰 소리로 부르짖으며 간절히 빈다. 겸손한 표현을 사용한다. "구하오니 나를 괴롭게 하지 마옵소서." 공손하고도 고결하며 흠모하는 표현으로 예수를 부른다. "지극히 높으신 하나님의 아들 예수여." 사랑이 없는 것 말고는 뭐 하나 빠지는 게 없다.[1]

이 안에 단일 위격 하나님이라는 이야기의 문제가 있다. 만약 죄가 단지 올바른 **행위**나 **처신**의 문제라면 여기서 마귀에게 잘못된 것은 하나도 없다.

아담과 하와 아담과 하와가 타락했을 때, 그들의 문제는 단지 행위에 있는 것이 아니었다. 사랑의 대상이 하나님으로부터 자기 자신에게로 돌아선 것이 문제였다.

대신에 삼위일체 하나님과 더불어 시작하면 어떻게 되는가? 창세기 2장에서의 "올바름"은 어떻게 달라지는가? 창세기 3장에 나타난 잘못된 행위에 대한 이해는 어떻게 달라지는가? 창세기 1:27은 "하나님이 자기 형상 곧 하나님의 형상대로 사람을 창조하시되 남자와 여자를 창조하셨다"고 말한다. 우리가 하나님의 형상을 따라 지어졌다는 사실은 많은 의미를 갖는다. 그러나 우리를 자신의 형상을 따라 지으신 그 하나님이 다름 아닌 사랑의 삼위일체 하나님이라는 사실은 성경 전체에 걸쳐 큰 반향을 일으킨다. 이런 하나님의 형상을 따라 지어졌다는 말은 곧 조화로운 관계 안에서 즐거워하고 하나님을 사랑하며 서로를 사랑하는 존재로 지음 받았다는 것이다. 그래서 예수님은 율법 가운데 가장 크고 첫째 되는 계명은 네 마음을 다하고 목숨을 다하고 뜻을 다하여 주 너의 하나님을 사랑하는 것이라고 하셨고, 둘째는 네 이웃을 네 몸과 같이 사랑하는 것이라고 가르치셨다(마 22:36-39). 이것이 우리가 지음 받은 이유다.

그렇다면 무엇이 잘못된 것인가? 아담과 하와가 사랑하지 않는 존재가 된 것도 아니다. 하나님의 형상을 따라 **사랑하는 사람**으로 지음 받았기 때문에 그들은 사랑하지 않을 수 없었다. 대신에 사랑의 **대상이 돌아서 버렸다**. 사도 바울은 죄인들에 대해 이렇게 썼다. "사람들이 자기를 사랑하며 돈을 사랑하며……쾌락을 사랑하기를 하나님 사랑하는 것보다 더하며"(딤후 3:2-4). 우리는 사랑하는 사람으로 남아 있긴 하지만 뒤틀려 있어서, 그 사랑은 잘못된 곳을 향하거나 왜곡되어 버렸다. 우리는 하나님을 사랑하도록 지음 받았음에도 자기 자신에게로, 또한 하나님 아닌 다른 것에게로 돌아선다. 이는 다름 아닌 아담과 하와의 원죄에서 고스란히 드러나는 사실이다. 하와는 자기 자신을 향한 사랑—그리고 스스로 지혜를 얻겠다는 욕심—때문에 하나님이 금하신 열매를 따먹었다. 그 뒤틀린 사랑이 원래 그녀가 가졌어야 했던 하나님을 향한 사랑을 압도해 버린 것이다.

"여자가 그 나무를 본즉 먹음직도 하고 보암직도 하고 지혜롭게 할 만큼 탐스럽기도 한 나무인지라. 여자가 그 열매를 따먹고 자기와 함께 있는 남편에게도 주매 그도 먹은지라"(창 3:6). 문제는 겉으로 드러난 하와의 행위인 불순종보다 훨씬 더 깊은 곳에 있다. 하와의 죄악된 행위는 사실 그녀의 마음에서 일어난 변화가 드러난 것일 뿐이다. 이제 하와는 하나님보다 열매를 더 갈망한다. 야고보는 모든 죄가 바로 이와 같다고 한다. 잘못된 사랑을 하는 우리의 갈망에서 죄가 비롯되는 것이다. "오직 각 사람이 시험을 받는 것은 자기 욕심에 끌려 미혹됨이니 욕심이 잉태한즉 죄를 낳고 죄가 장성한즉 사망을 낳느니라"(약 1:14-15).

두로 왕에 대한 에스겔의 애가에서도 예기치 않게 유사한 주제가 등장한다. 여호와께서 두로 왕에게 말씀하신다. "네가 옛적에 하나님의 동산 에덴에 있어서 각종 보석 곧 홍보석과 황보석과 금강석과 황옥과 홍마노와 창옥과 청보석과 남보석과 홍옥과 황금으로 단장하였음이여. 네가 지음을 받던 날에 너를 위하여 소고와 비파가 준비되었도다. 너는 기름 부음을 받고 지키는 그룹임이여. 내가 너를 세우매 네가 하나님의 성산에 있어서 불타는 돌들 사이에 왕래하였도다"(겔 28:13-14). 두로 왕이 입고 있는 옷을 단장한 온갖 보석들은 이스라엘의 대제사장이 성막의 언약궤 앞에서 섬길 때 입었던 흉패의 열두 보석을 연상케 한다. 언약궤 위에는 금으로 된 두 그룹이 있었고, 그들의 눈은 여호와께서 좌정하시는 시은소(법궤 덮개)를 주시한다(레 16:2, 삼상 4:4).

그리고 이어지는 에스겔서의 구절을 보면 무언가가 잘못되었음을 알 수 있다. 여호와께서 이 그룹에게 말씀하신다. "네가 아름다우므로 마음이 교만하였으며 네가 영화로우므로 네 지혜를 더럽혔음이여. 내가 너를 땅에 던져 왕들 앞에 두어 그들의 구경거리가 되게 하였도다"(겔 28:17). 다시 말해, 하와의 욕망이 자기 자신을 향해 돌아선 것처럼, 이 그룹의 시선 역시 자기 자신을 향해 돌아선 것이다. 하나님의 동산인 에덴에서 이런 잘못된 일이 있었다. 여호와 하나님의 아름다움을 누리도록 지어진 자들이 자신을 즐기기 위해 하나님을 등진 것이다. 그들의 마음속에 있던 사랑의 열망이 하나님으로부터 그들 자신에게로 옮겨 갔다. 그 결과 그들은 하나님께로 달려가지 않고 하나님을 피해 숨는 자들이 되었다.

존 밀턴^{John Milton}은 『실낙원』^{*Paradise Lost*}에서 호수에 비친 자신의 모습에 반하는 하와의 불길한 모습을 서술하는 가운데 이를 포착했다. 하나님이 금하신 열매를 실제로 따먹기 전부터 이미 하와의 시선은 자기 자신에게 초점이 맞추어져 있었다고 한다. 이는 잔잔한 호수 옆에서 하와가 몸을 구푸려 자신을 보는 데서 시작한다.

> 몸을 구푸려 호수를 내려다보자, 반대편에
> 물에 어른거리는 한 형체가 나타나,
> 나를 보려고 몸을 구푸렸다. 나는 뒤로 물러났다.
> 그 형체도 뒤로 물러났다. 하지만 이내 나는 호기심에 돌아왔고,
> 그 형체도 바로 응답하는 눈길을 보내며 돌아왔다.
> 연민과 사랑의 눈길을 가지고. 거기서 나는
> 지금까지 눈을 떼지 못했고, 헛된 열망으로 파리해져 갔다.[2]

성부 하나님이 항상 자기 밖을 보며 성자를 향하고 성자 또한 그렇게 성부를 향하시는 것처럼, 하와 역시 자기 밖을 향하여 하나님을 닮아가며, 모든 선함과 생명의 원천이신 하나님을 누리도록 지어졌다. 하지만 하와는 자기 안으로 돌아섰고 그녀 자신만을 사랑하게 되

두 가지 다른 복음

누구나 도전이 되는 설교를 하는 설교자를 좋아한다. 그리고 펠라기우스 Pelagius 만큼 도전이 되는 설교를 하는 설교자도 없었다. 5세기 어간에 로마에 간 그는 마치 개혁에 열중하는 신임자와 같이 부도덕을 질타하고 그리스도인 들이 순결하게 살 것을 요청하는 선명한 메시지를 전파했다. 하나같이 감동 적이었다.

그러나 위대한 지성이자 히포의 감독이었던 어거스틴 Augustine 은 펠라기 우스의 가르침을 면밀히 들여다본 뒤, 펠 라기우스가 온갖 기독교 언어를 사용하 고 있음에도 그가 하나님의 본성과 복음 에 대해 근본적으로 오해하고 있다는 것 을 간파했다. 펠라기우스는 우리가 잘못 을 범해 왔으며 천국에 들어가기 위해서 는 바른 일들을 해야 한다고 가르치고 있 었다(바로 이게 문제였다). 펠라기우스는 우리가 하나님을 **알고 사랑하기** 위해 지

음 받지 않았다고 본다. 그에게 그리스도인의 삶의 목적은 하나님을 즐거워 하는 것이 아니라, 마치 하나님을 우리의 도덕적인 정도에 따라 값을 매겨 천 국에 파는 장사꾼인 것처럼 여기며 그분을 **이용하는** 것이다.

어거스틴의 이해와 어쩌면 이렇게 다른가! 어거스틴은 하나님을 사랑이 많으신 삼위일체로 알았기 때문에, 우리는 단지 하나님의 도덕률 아래에서 하나님이 없는 어떤 낙원을 소망하며 살아가기 위해 창조된 존재가 아니라 고 믿었다. 우리는 최고로 만족스러운 하나님과의 친교 안에서 만족과 안식 을 찾도록 창조되었다. 더욱이 우리의 문제는 우리가 그릇되게 행동해 왔다 는 데 있다기보다는 그릇되게 사랑해 왔다는 데 있다. 우리는 사랑의 하나님 의 형상을 따라 지어진 존재이기에, 어거스틴은 우리가 **항상** 사랑에 이끌려 살아간다고 주장했다. 아담과 하와가 하나님을 거역한 것도 바로 이 때문이 다. 아담과 하와가 죄를 지은 이유는 하나님보다 다른 것을 더 사랑했기 때문이다. 이는 단순히 펠라기우스의 주장을 따라 행실을 바꾸는 것만으로는 선을 행할 수 없다는 말이다. 더 깊은 무언가가 필요하다. 즉, 우리 마음이 돌아서야 한다.

그로부터 약 천 년 이후 마르틴 루터는 죄인을 정의하는 어거스틴의 사고방식을 알아보았다. 어거스틴에 따르면 죄인은 "자기에게로 굽은 자"로 더 이상 하나님처럼 외부로 사랑을 표출하지도 않고 하나님을 바라지도 않을 뿐더러 자기만을 바라보고 자기에게 갇혀 있는 악마 같은 존재다. 이러한 죄인은 행위로는 도덕적이고 종교적인 모습을 보일지 몰라도, 그들이 행하는 것들은 모두 근본적인 자기애의 표출에 불과하다.

었다. 하나님의 형상을 등지고 마귀의 형상이 되어 버렸다.

삼위일체 하나님의 본성을 통해서 아담과 하와가 타락했을 때 무엇이 잘못되었고, 이로 인해 세상이 어떻게 완전히 달라졌는지 알 수 있다. 단지 규칙을 어기고 잘못을 저지른 정도가 아니다. 하나님을 사랑하고 하나님의 사랑을 누리도록 지어진 우리가 하나님의 사랑을 오용하고 그분을 거부한 것이다.

하나님이……이처럼 사랑하사

그런데 놀랍게도, 이렇게 하나님이 거부당함으로써 오히려 이루 말할 수 없는 하나님의 사랑의 깊이가 드러났다. 죄를 대하시는 하나님의 모습에서 우리는 하나님의 존재를 그 어느 때보다 깊이 알게 된다. "사랑하지 아니하는 자는 하나님을 알지 못하나니 이는 **하나님은 사랑이심이라. 하나님의 사랑이 우리에게 이렇게 나타난 바 되었으니 하나님이 자기의 독생자를 세상에 보내심은** 그로 말미암아 우리를 살리려 하심이라. 사랑은 여기 있으니 우리가 하나님을 사랑한 것이 아니요 하나님이 우리를 사랑하사 우리 죄를 속하기 위하여 화목 제물로 그 아들을 보내셨음이라"(요일 4:8-10).

사랑이신 하나님은 우리 죄를 대속하기 위해 자신의 영원한 독생자를 보내셔서 결정적으로 세상을 향한 자기의 사랑을 나타내신다. 그뿐 아니라 우리의 구원을 위해 아들을 보내시는 하나님의 모습을 통해 우리는 삼위일체 하나님의 사랑이 얼마나 광대하고도 자기를 내어주시는 사랑인지 그 어느 때보다 확실히 알게 된다.

십자가가 없었더라면 하나님은 사랑이시라는 말의 엄중함과 깊이를 상상조차 할 수 없었을 것이다. "그가 우리를 위하여 목숨을 버리셨으니 우리가 이로써 사랑을 알고 우리도 형제들을 위하여 목숨을 버리는 것이 마땅하니라"(요일 3:16). 십자가에서 우리는 하나님 사랑의 위대함과 거룩함은 물론, 하나님의 순전한 사랑의 빛이 죄와 악으로 드리운 흑암을 멸하실 것을 본다. 십자가에서 우리는 하나님 사랑의 강렬함과 힘을 본다. 그분의 사랑은 무미건조한 사랑이 아니라 사망에 맞서고 악과 싸우며 생명을 주는 장엄하고도 강력한 사랑이다. 그리스도께서는 자신의 의지에 반하여 십자가에 달리신 것도, 자신이 선택하지도 않았는데 십자가에 끌려가 못 박히신 것도 아니기 때문이다. 어느 누구도 그분으로부터 생명을 앗아가지 못한다. 예수님이 말씀하신다. "이를 내게서 빼앗는 자가 있는 것이 아니라 내가 스스로 버리노라. 나는 버릴 권세도 있고 다시 얻을 권세도 있으니 이 계명은 내 아버지에게서 받았노라"(요 10:18). 예수님이 자기를 내어주시는 사랑은 전혀 강제되지 않고 자유롭다. 그 사랑은 어떤 필요에 의해 나온 게 아니라 전적으로 성부의 영광이신 그분의 존재에서 비롯된 것이다. 십자가를 통해 우리는 자기를 내어주기를 기뻐하시는 하나님을 본다.

그렇다면 **왜** 성부께서는 우리에게 성자를 보내셨는가? 요한복음 3:16은 만족스러운 이유를 제시한다. "**하나님이 세상을 이처럼 사랑하사** 독생자를 주셨으니 이는 그를 믿는 자마다 멸망하지 않고 영생을 얻게 하려 하심이라." 충분히 놀랄 만하다. 하지만 요한복음 뒷부분으로 넘어가면 예수님은 더욱 근본적이고 강력한 이유를 말씀하신다. 예수님은 성부께 기도하면서 이렇게 말씀하신다. "의로우신 아버지여, 세상이 아버지를 알지 못하여도 나는 아버지를 알았사옵고 그들도 아버지께서 나를 보내신 줄 알았사옵나이다. 내가 아버지의 이름을 그들에게 알게 하였고 또 알게 하리니, 이는 나를 사랑하신 사랑이 그들 안에 있고 나도 그들 안에 있게 하려 함이니이다"(요 17:25-26).

다시 말해, 성부께서는 자신을 알리시기 위해 성자를 보내신 것이다. 이는 단순히 사람들이 자신에 대한 몇 가지 정보를 내려받기 원하셨다는 말이 아니다. **오히려 성자를 향한 성부의 영원한 사랑이 자기를 믿는 자들에게도 있게 하고, 성부께서 성자를 즐거워하신 것처럼 우리도 성자를 즐거워하도록 하기 위함이다.** 그렇다면 구원이란 단일 위격의 신이 줄 수 있는 것이 아니다. 사람들이 원한다 해도 그렇게 할 수 없다. 성부께서는 성자를 영원히 사랑하기를 기뻐하셔서 모든 믿는 자들과 이 사랑을 나누기를 원하신다. 궁극적으로, 성부께서 성자를 보내신 것은 성자를 참으로 사랑하셨기 때문이다. 그리고 이 사랑과 교제를 우리와 나누기 원하셨기 때문이다. 세상을 향한 성부의 사랑은 성자를 향한 성부의 전능한 사랑이 흘러넘치는 것이다.

사실 몇 절 앞을 보면 예수님이 성부께 말씀하시면서 이 사실을 보다 직접적으로 언급하신다. "내게 주신 영광을 내가 그들(믿는 자들)에게 주었사오니"(요 17:22). 그야말로 심장이 멎을 만큼 놀라운 말씀이다. 이사야 42:8에 보면 여호와께서 분명히 강조해서 이를 말씀하시기 때문이다. "나는 여호와이니 이는 내 이름이라. 나는 내 영광을 다른 자에게……주지 **아니하리라**." 그런데 어떻게 예수님이 자기 영광을 주신다고 하는가?

그러나 이사야 42장의 하나님은 단일 위격의 신, "내 영광을 다른 자에게 주지 않겠다"고 칭얼대며 지독하게 자신을 끌어안고 나누기를 거부하는 신이 아니다. 이사야 42장에서 여호와께서는 지금 그분의 종, 택하신 자, 그분의 영으로 기름부음 받은 자에 대해 말씀하고 계신다(사 42:1). 즉, 성부께서는 기름부음 받은 자기 아들, 곧 상한 갈대를 꺾지 않으시고 꺼져 가는 심지를 끄지 않으시는 성자에 대해 말씀하고 계신다(사 42:3. 그리고 예수님을 이사야의 예언을 성취하는 분으로 말하는 마태복음 12:15-21을 보라). 사실 여호와께서는 성자를 향해 직접 말씀하고 계신다.

나 여호와가 의로 너를 불렀은즉 내가 네 손을 잡아 너를 보호하며 너를 세워 백성의 언약과 이방의 빛이 되게 하리니, 네가 눈먼 자들의 눈을 밝히며 갇힌 자를 감옥에서 이끌어 내며 흑암에 앉은 자를 감방에서 나오게 하리라. 나는 여호와이니 이는 내 이름이라. 나는 내 영광을 다른 자에게, 내 찬송을 우상에게 주지 아니하리라(사 42:6-8).

다시 말해, 성부께서는 자기 영광을 쌓아 두는 것과는 거리가 먼 분이시다. 오히려 그것을 자기 아들에게 값없이, 충만하게 주시는 분이시다. 간단히 말해 성부께서는 자기 영광을 **다른 누구도 아닌** 그분의 성자에게 주신다.

여기까지만 말하면 이는 여전히 제한적이고 억제된 관대함처럼 보일 수 있다. 물론 단일 위격의 신이 나누기를 철저히 거부하는 것보다는 분명히 낫지만, 이 나눔이 배타적이기 때문에 크게 기뻐할 반가운 소식이라는 인상을 바로 주지는 않는다. 그럼에도 이것이야말로 삼위일체 하나님의 구원이 다른 어떤 신이 제공하는 구원보다 한없이 우위에 있는 핵심적인 이유다. 성부께서는 자신의 **모든** 영광과 사랑과 복, 심지어 자기 자신까지 배타적으로 성자에게 주신다. 그리고 성자를 보내셔서 우리와 더불어 자신의 충만을 나누게 하신다. "내게 주신 영광을 내가 그들에게 주었사오니"(요 17:22).

성부께서는 아득히 멀리서 자신의 복을 흩뿌려주는 분이 아니며, 그분의 구원은 저 멀리 창조주로 계시면서 단지 우리를 가엾게 여기고 용서하시는 것과도 거리가 멀다. 오히려 자신의 모든 복을 아들에게 부으시고, 그 아들을 보내셔서 우리가 성부의 영광스런 충만함을 함께 나누어 갖게 하신다. 성부께서는 자신이 성자와 누리는 사랑의 교제 안으로 우리를 불러들이기를 열망하실 정도로 사랑이 많으신 분이다. 이는 내가 하나님을 진정으로, 곧 아버지로 알 수 있다는 것을 의미한다. 사실상 나는 성부를 내 아버지로 알 수 있다.

어떻게 그럴 수 있는가? 어떻게 나를 창조하신 분께서 자기 아들을 대하듯이 나를 대하실 수 있단 말인가?

우리의 위대한 대제사장

요한복음 17장은 지성소의 휘장을 특히 활짝 열어젖힌다. 이 본문은 전통적으로 예수님의 "대제사장적 기도"로 알려져 있다. 이 기도가 구약의 대제사장—모세의 형제 아론과 같은—의 사역을 가리키기 때문이다. 대제사장은 **하나님의 백성들을 대신해** 여호와 앞에 나아가되 특별히 매년마다 속죄제물의 피를 가지고 여호와의 임재 안으로 들어가도록 기름부음 받은 사람이다.

이스라엘의 대제사장은 우선 하나님의 백성과 살과 피를 나눈 이스라엘 사람(그중에서도 레위 지파)이어야 했다. 그래서 성자 하나님은 참되고 궁극적인 대제사장이 되시는 과정에서, 우리 가운데 하나가 되시기 위해 하늘로부터 오셔서 우리의 혈과 육을 입으셨다.

> 자녀들은 혈과 육에 속하였으매 그도 또한 같은 모양으로 혈과 육을 함께 지니심은, 죽음을 통하여 죽음의 세력을 잡은 자 곧 마귀를 멸하시며 또 죽기를 무서워하므로 한평생 매여 종노릇 하는 모든 자들을 놓아 주려 하심이니, 이는 확실히 천사들을 붙들어 주려 하심이 아니요 오직 아브라함의 자손을 붙들어 주려 하심이라. 그러므로 그가 범사에 형제들과 같이 되심이 마땅하도다. 이는 하나님의 일에 자비하고 신실한 대제사장이 되어 백성의 죄를 속량하려 하심이라(히 2:14-17).

대제사장의 연중 일정 가운데 가장 중요한 날은 욤 키푸르^{Yom Kippur}라

속죄일에
염소를 번제로 드리는
대제사장

고 하는 대속죄일이었다(레위기 16장). 이날 대제사장은 이스라엘 백성들의 죄를 속하는 상징으로 염소를 죽여 제물로 드리고 그 피를 하나님이 계신 성막으로 가지고 들어갔다. 물론 이 모든 것은 상징적이었다. "이는 황소와 염소의 피가 능히 죄를 없이 하지 못함이라. 그러므로 주께서 세상에 임하실 때에 이르시되 하나님이 제사와 예물을 원하지 아니하시고 오직 나를 위하여 한 몸을 예비하셨도다"(히 10:4-5).

대제사장이신 그리스도께서는 진정한 대속죄일에 십자가에서 염소가 아닌 자신의 몸—우리의 살과 피와 동일한—을 제물로 드리셨다.

예수님이 자신을 드리는 장면은 요한복음 19장에 나온다. 하지만 요한복음 17장에서 예수님은 이 모든 것이 이루어질 것을 보여주신다. 요한복음 17장에서 예수님은 대제사장이 하는 보다 일상적인 **사역, 바로 희생제물을 드리는 대속의 행위에 따른 사역**에 대해 말씀

십자가를 바라보며 삼위일체를 보았다

놀라운 사실은 십자가에 달린 분이 바로 성자라는 것이다. 성부께서는 그 큰 사랑으로 성자를 보내신다. 성부의 뜻을 행하고 성부의 사랑을 나누기를 기뻐하시는 성자께서는 성부의 뜻을 따라 가신다. 확실히 이 사랑과 기쁨은 성자로 하여금 멈출 수 없게 만든다. 성자께서는 결연히 자신이 죽음을 맞이할 예루살렘을 향해 가신다. 심지어 죽지 않는 다른 길을 말하는 베드로를 책망하신다. 죽음을 생각하며 몸서리를 치면서도 자원하여 자기 생명을 완전히 내어 놓으신다(요 10:18). 성자께서는 대제사장이자 죄를 위한 희생제물이 되셔서 성령으로 말미암아 자신을 성부께 드리기를 바라신다(히 9:14).

이는 하나님은 속죄를 위해 제삼자가 고난당하게 하지 않으신다는 것을 의미한다. 죽으신 분은 하나님의 어린양, 성자다. 이는 다른 누구도 아닌 오직 하나님만이 구원 사역의 원인이 된다는 말이다. 성부, 성자, 성령께서 모든 일을 이루신다. 만약 하나님이 삼위일체가 아니라면, 우리를 대신해 죽을 하나님의 어린양인 성자가 없었다면, 우리 스스로 우리의 죄를 속해야 했을 것이다. 하나님도 하실 수 없는 것을 우리가 해야 했을 것이다. 그러나(할렐루야!) 하나님에게는 아들이 있다. **우리** 죗값을 치르기 위해 무한한 자애로움으로 그 아들이 죽으셨다. 십자가가 그토록 좋은 소식이 될 수 있는 **이유도** 바로 하나님이 삼위일체시기 때문이다.

하신다. 그것이 어떤 사역인가? 날마다 대제사장은 성막에서 하나님 앞에 향기로운 향을 피워야 했다(출 30:7-10). 그리고 그때마다 열두 보석이 박힌 금으로 된 흉패를 가슴에 둘렀다. 보석 하나하나에는 이스라엘 각 지파의 이름이 새겨져 있었다(출 28:15-29). 그렇게 대제사장은 하나님의 백성들과 더불어, 말하자면 그들을 가슴에 품고 하나님의 임재 안에서 자신의 직무를 수행했다.

이것이 바로 요한복음 17장이 예수님이 누구신지에 대해 말하는 내용이다. 예수님은 기도의 향을 가지고 성부 하나님 앞으로 나아가신다(즐거운 냄새가 여호와 앞에서 피어오르는 것처럼, 향은 기도를 상징한다. 시 141:2, 계 5:8). 하나님의 백성을 가슴에 품고 그렇게 하신다. "내가 비옵는 것은 이 사람들(사도들)만 위함이 아니요 또 그들의 말로 말미암아 나를 믿는 사람들도 위함이니"(요 17:20). 다시 말해, 이스라엘의 대제사장이 가슴에 흉패를 붙임으로써 하나님의 백성을 상징적으로 여호와 앞에 데려다 놓는 것처럼 그리스도께서는 자신 안에서 우리를 성부 앞으로 데려다 놓으신다. 성자 하나님이 성부로부터 오셔서 우리와 하나가 되셨고 우리를 대신해 죽으셨다. 그리고 대제사장의 흉패에 물린 열두 보석처럼 우리 모두를 성부 앞으로 다시 데려가신다.

자기 백성을 위한 예수님의 첫째 기도는 이렇다. "아버지여……그들도 다 하나가 되어……이는 우리가 하나가 된 것 같이 그들도 하나가 되게 하려 함이니이다. 곧 내가 그들 안에 있고 아버지께서 내 안에 계시어 **그들로 온전함을 이루어 하나가 되게 하려 함은**"(요 17:21-

아론을 대제사장으로 세우는 모습

23). 예수님은 우리의 대제사장으로서 어찌 이리도 합당한 기도를 드리시는지! 시편 133편은 이렇게 시작한다. "형제가 연합하여 동거함이 어찌 그리 선하고 아름다운고! 머리에 있는 보배로운 기름이 수염 곧 아론의 수염에 흘러서 그 옷깃까지 내림 같고"(시 133:1-2).

이 시는 거룩한 관유를 아론의 머리에 부어 그를 대제사장으로 세우는 모습을 그리고 있다(레 8:12). 이처럼 그리스도("기름부음 받은 자") 역시 세례 받으실 때에 성령으로 기름부음을 받으셨다. 기름이 아론의 머리에서 몸을 타고 흘러내린 것처럼 성령 역시 머리이신 그리스도로부터 그분의 몸인 교회로 흘러내린다. 이렇게 **우리**는 "그의 기름부음에 참여한 자들"이 된다.[3] 성령을 통해 성부께서는 성자를 영원 전부터 사랑하셨고, 이제는 믿는 자들에게 기름을 부어 "우리가 하나가 된 것 같이 그들도 하나가 되게" 하신다(요 17:22). 주님과 하나가 되고 서로 하나가 된다.

  이것이 바로 구원의 정수다. 사실 삼위일체의 구원일수록 더욱 달콤하다. 단순히 성자를 통해 성부께로 나아가는 게 구원이 아니다. 성자께서 기름부음 받으신 그 성령을 우리도 받는다. 예수님은 요한복음 16:14에서 성령께서 "그가 내 영광을 나타내리니 내 것을 가지고 너희에게 알리시겠음이라"고 하신다. 성령께서는 성자의 것을 가지고 우리 것이 되게 하신다. 세례 시에 성령께서 성자 위에 임하셨을 때 예수님은 성부께서 하늘로부터 선포하시는 소리를 듣는다. "이는 내 사랑하는 아들이요 내 기뻐하는 자라." 그러나 이제 동일한 양자의 영이 내 위에 머무시고 동일한 말씀이 나에게 적용된다. 나의 대제사장이신 그리스도 안에서 나는 양자 되고 사랑받으며 성령의 기름부음을 받은 아들이다. 요한복음 17:23에서 예수님이 당신(아버지)께서 "나를 사랑하심 같이 그들도 사랑하신 것"이라 말씀하신 것과 같다. 이렇게 성자께서 나를 성부 앞으로 데리고 가실 때 내 안에 있는 성령으로 말미암아 **나는** 담대히 "아바"라고 부를 수 있다. 삼위일체 하나님의 교제로 인해 이제 나 또한 값없이 공유한다. 지극히 높으신 성부께서 내 아버지시고, 성자께서는 나의 위대한 형제시며, 성령께서는 더 이상 예수님만의 보혜사가 아니라 나의 보혜사도 되신다.

성자와 같은 사랑을 받음

요한복음 1:18은 성자 하나님을 영원 전부터 성부의 품속이나 무릎에 계신 분으로 묘사한다. 어느 누구도 감히 상상조차 못할 일이지만, 예수님은 믿는 자들이 자신이 있는 곳에 함께 있기를 원한다고 분명히 말씀하신다(요 17:24). 성부께서 성자를 보내신 것은 바로 성부를 거부한 우리를 다시 성부께로 데려와, 단순히 피조물이 아닌 자녀로서 성자께서 영원 전부터 누려 오신 풍성한 사랑을 함께 누리게 하기 위해서다.

패커J. I. Packer는 언젠가 이런 말을 했다. "한 사람이 기독교 신앙을 얼마나 잘 이해하고 있는지 판단하려면, 자신이 하나님의 자녀라는 생각과 또 하나님이 자기 아버지라는 생각을 얼마나 중요하게 생각하는지 보라. 이 생각이 예배와 기도 및 그의 총체적인 인생관을 촉발하거나 지배하는 생각이 아니라면, 이는 그가 기독교를 그리 잘 이해하지 못했다는 의미다."⁴ 맞는 말이다. 어떤 사람이 확신을 가지고 일부러 전능하신 하나님을 "아버지"라 부른다면, 이는 그가 하나님이 누구시고 자신이 무엇을 위해 구원을 받았는지에 대한 근본적이고도 아름다운 어떤 것을 분명히 이해하고 있음을 보여주는 것이다. 또한 이런 이해가 어떻게 우리의 마음을 하나님께로 돌아서게 하는지도 말이다! 성부 하나님이 행복하시고 심지어 성자에 대한 자신의 사랑을 나누시고 우리의 아버지로 알려지기를 기뻐하신다는 사실은 성부께서 측량할 수 없을 정도로 은혜로우시고 자애로우신 분이라는 것을 분명히 드러낸다.

그리고 그분께서는 정말 인색함 없이 즐거움으로 우리에게 이런 특권을 주신다. 누군가가 믿음의 길로 들어서면 그리스도인은 종종 웃으며 하늘에서 천사들이 기뻐할 것이라고 말한다(누가복음 15:10을 생각하면서 이렇게 말한다). 그러나 누가복음 15:10은 실제로 죄인 한 사람이 회개하면 하늘에서는 하나님의 천사들 앞에 기쁨이 된다고 말한다. 누가 하늘에서 하나님의 천사들 앞에 있는가? 하나님이다. 무엇보다 자신을 거부한 사람들에게 자신의 사랑을 후히 주시기를 기뻐하시는 그 하나님이다.

하나님을 우리 아버지로 안다는 것은 그분에 대한 우리의 이해를 놀랍도록 즐겁게 할 뿐만 아니라 우리에게 깊은 위로와 기쁨을 준다. 그 영광스러움은 입이 다물어지지 않을 만큼 놀랍다. 부유한 왕의 자녀가 되는 것도 멋진 일이지만, 온 우주를 다스리시는 분의 사랑받는 자녀가 되는 것은 그 어떤 말로도 표현할 수 없다. 분명 이 하나님의 구원은 용서보다 나은 것은 물론이거니와 무엇보다 확실히 안전하다. 용서는 다른 신들도 할 수 있을 것이다. 그러나 우리가 말하는 이 하나님은 우리를 자기 자녀로 환영하시고 끌어안으신다. 결코 우리를 떠나보내시는 일이 없다(자녀가 버릇이 없다고 해서 자녀로 생각하지 않는 부모는 없다). 하나님은 우리가 나무랄 데 없이 행동해서 자신의 마음에 들고 또 이를 유지하도록 노력하는, 일종의 "그는 나를 사랑해, 그는 나를 사랑하지 않아"he loves me, he loves me not 같은 관계를 주시지 않았다. 정말이다. "영접하는 자 곧 그 이름을 믿는 자들에게는 하나님의 자녀가 되는 권세를 주셨으니"(요 1:12). 또한 이 사랑을 영원토록 누릴 수 있는 안전도 함께 주셨다.

성자가 누구신지 한번 생각해 보라. 성부께 영원하고 절대적인 사랑을 받는 분이시다. 성부께서는 결코 성자를 향한 자신의 사랑을 조정하거나 포기하지 않으신다. 또한 성자께서는 성부의 뜻을 따라 이 사랑을 나누기 위해 오셨다. 예수님이 우리를 형제라 부르기를 부끄러워하지 않으셨기 때문에(히 2:11), 성부 역시 우리를 자신의 소유로 알기를 부끄러워하지 않으신다(히 11:16). 하늘에 있는 은혜의 보좌로 나아가는 데 이보다 더 큰 자신감과 기쁨을 주는 것도 없다. "보라. 아버지께서 어떠한 사랑을 우리에게 베푸사 하나님의 자녀라 일컬음을 받게 하셨는가. 우리가 그러하도다. 그러므로 세상이 우리를 알지 못함은 그를 알지 못함이라"(요일 3:1).

아버지Father와 폭군Führer의 차이

성부, 성자, 성령이 아닌 하나님을 상상해 보라. 그런 황량한 망상을 가지고는 결코 앞서 말한 것과 같은 구원을 생각할 수 없다. 하나님이 아버지가 아니라면 우리에게 자녀가 될 권리를 줄 수 없다. 하나님이 자기 아들과 영원한 교제를 누리지 못했다면, 어떤 교제를 우리와 나눌 수 있을지 혹은 교제를 누리는 게 무엇인지 알기는 하는지 의구심을 가질 수밖에 없다. 예를 들어, 성자가 피조물이었고 영원전부터 "성부의 품 안에서" 성부를 알고 성부의 사랑을 받는 분이 아니라면, 성부가 우리와 나누는 관계라는 게 도대체 어떤 것일까? 만약 성자와 성부가 전혀 친밀하지 않다면 우리는 어떻게 되겠는가?

만약 하나님이 단일 위격이라면, 구원이라는 것은 전혀 다르게 보일 것이다. 자신의 통치와 보호 아래 우리가 살도록 허락은 했겠지만 다가가기에는 무한한 거리에 있었을 것이고, 설령 다가가더라도 중재자를 통해야 가능했을 것이다. 심지어 죄 용서를 하시더라도 친밀함을 느끼지는 않았을 것이다. 이런 정의대로라면 하나님은 영원 전부터 사랑하는 분이 아니라는 말인데, 그런 하나님이 과연 죗값을 친히 담당하고 값없이 죄를 용서하는 일을 했을지 의문이다. 그럴 가능성은 거의 없어 보인다. 그저 우리는 소원한 관계의 피고용인 정도로 남아 있어 성자께서 성부께 하신 소중한 말씀을 결코 들을 수 없었을 것이다. "또 나를 사랑하심 같이 그들도 사랑하신 것을……알게 하려 함이로소이다"(요 17:23).

그러나 이 하나님은 친히 우리에게 오신다. 성부께서는 성자를 향한 자신의 사랑을 우리와 나누기를 기뻐하시고, 성자를 보내셔서 성자 안에서 우리가 성부의 품으로 다시 돌아오게 하시며, 거기서 성령으로 말미암아 성부를 "아바"라 부르게 하신다.

성부를 아는 지식을 나누시는 성자

루터는 이렇게 말했다. "온 세상 사람들이 하나님의 본성과 마음과 활동을 심혈을 기울여 살폈지만 어떤 식으로든 전혀 성공할 수 없었다." 동료 종교개혁자 존 칼빈은 이를 보다 직설적으로 말한다(그리고 루터보다 직설적인 칼빈의 표현은 항상 인상적이다).

하나님은 미워하고 아버지는 사랑함

종교개혁자 마르틴 루터는 하나님의 아버지 되심이 구원의 양상과 하나님에 대한 우리의 생각을 얼마나 크게 바꾸어 놓는지를 잘 알고 있었다. 수도사 시절에 그의 마음은 하나님은 의로우시고 죄를 미워하신다는 생각으로 채워져 있었지만, 하나님이 누구신지에 대해 그 이상으로는 곧 하나님의 의로움이란 무엇이고 **왜** 하나님이 죄를 미워하시는지는 알지 못하고 있었다.

그 결과 루터는 이렇게 토로할 수밖에 없었다. "나는 사랑하지 않았다. 그렇다. 나는 죄인을 심판하시는 의로우신 하나님을 증오했다. 신성모독까지는 아니더라도 은밀히, 그럼에도 분명히 몹시 투덜거렸다. 나는 하나님께 화가 나 있었다."[5] 하나님을 자애로우면서도 기꺼이 우리를 위하시는 하나님, 우리를 자기에게로 가까이 이끄시는 분으로 알지 못했기에, 루터는 하나님을 사랑할 수 없다고 생각했다. 대신에 루터와 동료 수도사들은 그 사랑을 마리아와 여러 다른 성인들에게로 돌렸다. 마리아와 성인들이 바로 그들이 사랑하고 기도할 대상이었다.

이는 루터가 하나님은 자신의 의로움과 영광과 지혜를 나누어 주기를 기뻐하시는 자애로운 아버지 하나님이라는 것을 알기 시작하면서 변했다. 그의 생애 말년에 이때를 돌아보는 가운데, 루터는 자신이 수도사 시절에 실제로는 바른 하나님을 예배하지 않고 있었고 이는 하나님을 창조주와 재판장으로 아는 것만으로는 "충분하지 않기" 때문이라고 말했다. 하나님을 사랑이 많으신 아버지로 알 때에라야 비로소 하나님을 바로 아는 것이다. "온 세상 사람들이 하나님의 본성과 마음과 활동을 이해하기 위해 심혈을 기울여 살폈지만 어떤 식으로든 전혀 성공할 수 없었다. 하지만……하나님이 친히 아버지로서의 마음의 깊이와 형언할 수 없는 순전한 사랑을 친히 계시하시고 나타내셨다."[6]

우리를 다시 자기에게로 돌리기 위해 독생자를 보내심으로, 하나님은 형언할 수 없는 사랑과 최고의 부성애를 가지신 분으로 자신을 계시하셨다. 루터는 이런 사실이 크나큰 확신과 기쁨을 주는 것은 물론 우리 마음까지 하나님께로 돌린다는 것을 발견했다. "우리는 하나님의 아버지같이 자애로운 마음을 들여다보고 우리를 향한 하나님의 사랑이 얼마나 한없는지 느낄 수 있다. 이로 인해 우리 마음은 따뜻해지고 하나님을 향한 감사로 밝게 빛난다."[7] 이런 하나님의 구원에서 우리는 진실로 사랑할 수 있는 하나님을 본다.

가장 위대한 천재들도 두더지보다 더 눈이 멀었다!……그들은 우리를 향한 하나님의 자비하심에 대한 확신을 느낀 적이 없다(이러한 확신이 없으면 사람의 오성은 끝도 없는 혼란으로 가득할 뿐이다). 그러므로 진정한 하나님은 누구시며 그는 우리에게 어떤 하나님이 되려고 하시는가를 이해하는 것이 참 진리인데, 사람의 이성은 이 진리에 접근하지도 않고, 진리를 향하여 힘써 나아가지도 않으며, 심지어는 이 진리를 확고한 목표로 삼지도 않는다.[8]

루터와 칼빈은 마태복음 11:27과 요한복음 1:18 같은 구절을 염두에 두고 있다. "내 아버지께서 모든 것을 내게 주셨으니 아버지 외에는 아들을 아는 자가 없고 아들과 또 아들의 소원대로 계시를 받는 자 외에는 아버지를 아는 자가 없느니라"(마 11:27). "본래 하나님을 본 사람이 없으되 아버지 품 속에 있는 독생하신 하나님이 나타내셨느니라"(요 1:18). 요컨대, 하나님이 우리에게 말씀하지 않으신다면 우리는 하나님을 알거나 하나님의 깊은 자비하심을 생각조차 할 수 없을 것이다.

물론 하나님이 단일 위격이고 항상 홀로 존재해 왔다면 말을 할 이유가 전혀 없었을 것이다. 창세전부터 영원토록 홀로 존재해 왔는데 누구에게 말을 하는가? 이제 와서 말을 할 이유는 또 무엇인가? 혼자 떨어져 있는 습관이 어디 가지 않는다. 이런 하나님은 미지의 상태로 머물 가능성이 훨씬 많다.

그러나 만약 이런 하나님이 어떤 이유에서건 할 말이 있었다면 어떻게 할 것인가? 여기서는 그런 신을 상상하지 않아도 된다. 쿠란은 홀로 있는 신이 쓰는 말에 대한 완벽한 사례다. 알라는 천국에서 영원한 말인 쿠란을 자신 곁에 두고 홀로 존재하는 단일 위격의 신이다. 언뜻 보면 알라는 영원토록 홀로 있는 것으로 보이지 않을 수도 있다. 하지만 중요한 점은 알라의 말이 그의 참된 동반자가 아닌 하나의 **책**이라는 것이다. 그리고 그 책은 단지 알라에 **대한** 내용이다. 그렇다면 알라가 우리에게 쿠란을 줄 때 그는 자기 자신과 자신이 좋아하는 것들에 대한 정보가 담긴 어떤 **문서**를 준 것에 불과하다.

그러나 삼위일체 하나님이 우리에게 자신의 말씀을 주실 때 그분은 자기 자신을 주신다. 성자는 성부의 완벽한 계시인 하나님의 말씀이기 때문이다. 말씀이 하나님과 함께 계셨고 이 말씀은 곧 하나님이었다. 이 모든 사실은 매우 의미심장하다. 삼위일체 하나님은 우리에게 자기 자신 외에 어떤 **것**을 주시거나 단지 자기 자신에 **대해** 말씀하지 않는다. 실제로 자기 자신을 주신다. 만약 하나님이 단지 하늘에서 책 한 권을 떨어뜨려 주셨다면, 예상대로 하나님이 우리와 다소 간극을 두려 하신 것일 수도 있다. 그러나 하나님은 그렇지 않다. 하나님인 하나님의 말씀이 우리에게 오셔서 우리와 함께 사신다.

그래서 우리는 하나님의 말씀이신 예수 그리스도 안에서 가장 분명한 계시를 본다. 예수님 안에서 우리는 하나님이 성부, 성자, 성령이신 것을 안다. 예수님은 성부께 사랑을 받으시고 또 성령으로 기름부음을 받으시기 때문이다. 예수님 안에서 우리는 하나님이 자기 자신을 우리에게 주시고 우리와 함께 거하기 위해 오실 정도로 너그

럽고 따뜻한 분이심을 안다. 그리고 성자는 "보이지 아니하는 하나님의 형상"(골 1:15)이시자 "하나님의 영광의 광채시요 그 본체의 형상"(히 1:3)이시기 때문에, 예수님이 말씀하시는 것처럼 "나를 본 자는 아버지를 본 것"임을 안다(요 14:9). 예수님이 성부와 동일본체이신 참 하나님이 아니라면 예수님은 진실로 하나님을 계시할 수 없고, 우리는 예수님이 나타내신 하나님이 정말 예수님처럼 선하신지에 대한 의구심을 떨치지 못할 것이다. 그러나 예수님이 누구신지 생각해 본다면 우리는 예수님 안에서 **하나님을 안다**고 확신을 갖고 분명하게 말할 수 있다. 성자는 하나님 자신이기 때문에 우리와 성부에 대한 사랑은 물론 성부에 대한 지식 또한 나누기 위해 오신다. 그분은 자신이 성부를 아는 것과 같이 우리도 성부를 알도록 하기 위해 오신다. 놀랍게도 하나님은 성부, 성자, 성령이시기 때문에—성부께서는 하나님이자 자기와 동일본체이고 자기와 함께 하며 자기를 아는 말씀과 함께 하시므로—우리는 하나님을 알 수 있다. 다른 신은 허용하지 않을 친밀함을 갖고 알 수 있다.

그리고 성령이 계신다. 이렇게 해서 이 장은 서서히 다음 장으로 들어서고 있는데, 성령에 대해 말할 것이 너무 많기 때문이다. 여기서는 한 가지만 언급하고자 한다. 하나님이 자기를 계시하심에 있어서 성부께서는 성령의 능력으로 성자를 보내실 뿐 아니라, 성부와 성자께서는 함께 성령을 보내 성자를 알리신다. 성자께서는 성부를 알리시고 성령께서는 성자를 알리신다. 먼저 성경을 영감하심으로(딤후 3:16, 벧전 1:11-12), "그리스도의 말씀"인 성경을 통해 그리스도를

성령의 영감을 받아 마태복음을 기록하고 있는 전도자 마태 그림의 상단 오른쪽 구석을 보면 하늘로부터 펼쳐진 두루마리가 전도자 마태의 잉크 그릇으로 이어진 것을 볼 수 있다.

알리신다(롬 10:17, 골 3:16).

그렇다면 이것이 이슬람교와 같이 우리에게 책을 한 권 주신 하나님에게 가자는 말인가? 전혀 그렇지 않다. 조금 있으면 알게 되겠지만, 성령 하나님은 성경을 영감하실 뿐 아니라 성부, 성자와 마찬가지로 우리에게로 오신다. 참으로 성령께서는 우리 **안으로** 들어오신다. 성령 하나님과 함께하는 것보다 더한 친밀함은 없다.

이는 모든 성경의 핵심은 그리스도를 증거하기 위함이라는 말이다. 성자께서 성부를 증거하시는 것처럼 성령으로 영감된 성경은 성자를 증거한다. 바울은 디모데에게 "또 어려서부터 성경을 알았나니 성경은 능히 너로 하여금 그리스도 예수 안에 있는 믿음으로 말미암아 구원에 이르는 지혜가 있게 하느니라"라고 썼다(딤후 3:15). 여기서 바울이 말하는 성경은 물론 구약성경이다. 하지만 신약성경에 대해서도 같은 말을 할 수 있다. 예수님도 당시 유대인들에게 이렇게 말씀하셨다. "너희가 성경에서 영생을 얻는 줄 생각하고 성경을 연구하거니와 이 성경이 곧 내게 대하여 증언하는 것이니라. 그러나 너희가 영생을 얻기 위하여 내게 오기를 원하지 아니하는도다.……모세를 믿었더라면 또 나를 믿었으리니 이는 그가 내게 대하여 기록하였음이라"(요 5:39-40, 46).

분명 예수님은 성경을 부지런히 연구하면서도 그 핵심, 곧 성경이 독자들로 하여금 예수님에게 와서 생명을 얻을 수 있도록 하기 위해 예수님을 선포한다는 내용을 완전히 놓칠 가능성이 아주 높다고 여기셨다.

당신이 찾는 분은 누구인가?

이는 우리가 성경을 펼쳐보는 이유에 극적인 영향을 미친다. 우리는 온갖 종류의 이상한 이유들—종교적 의무로, 하나님의 환심을 사려고, 혹은 성경을 도덕적인 자기수양 안내서나 효과적인 종교적 삶을 돕는 조언이 담긴 지침서로 여기고—을 가지고 성경을 펼쳐 볼 수 있다. 많은 사람들이 성경을 읽을 때 의욕이 꺾이는 주된 이유 가운데 하나가 바로 이것이다. 오늘을 어떻게 살지에 대한 신속한 교훈을 얻을 요량으로 성경을 폈는데, 사람들은 교훈 대신에 족보나 온갖 제사 목록을 발견하게 된다. 장마다 이어지는 역사들, 성전에 대한 묘사들, 제사장에게 주는 가르침들이 오늘날 내가 쉬고 일하며 기도하는 데 어떤 영향을 미치는가?

그러나 그리스도가 모든 성경의 주제 곧 말씀이자 주, 성부를 계시하시는 성자, 약속된 소망, 참된 성전, 참된 제물, 위대한 대제사장, 최고의 왕이시라는 것을 알면 성경을 읽으면서 "이 구절이 지금 당장 내게 어떤 의미를 가지는가"보다는 "이 구절에서 나는 그리스도에 대해 무엇을 배우는가"를 물을 것이다. 성경은 나에 대한 책이 아니라 그리스도에 대한 책이라는 것을 알기 때문에 성경을 읽으면서 자신에게 몰두하기보다는 그리스도께 주목할 수 있다. 이렇게 한 장한 장 읽어 가면서 그리스도에 대한 놀라운 이야기를 따라가다 보면, 성경을 자신에 대한 책으로 대하던 때에는 결코 맛보지 못했던 묘한 방식으로 그리스도를 향해 심장이 뛰는 것을 발견한다.

설교자로서 내가 경험한 것을 말해 보려고 한다. 다른 곳에 설교자로 초청받아 가면 대개는 이런 식으로 진행된다.

성경 낭독자: (설교를 위한 성경본문을 또박또박 잘 읽은 후 말하기를) 이것은 하나님의 말씀입니다.

회중: (웅성웅성)

사회자: 낭독해 주셔서 감사합니다. (조심스럽게) 이제 리브스 씨가 나와서 우리가 방금 읽은 본문을 설명해 주시겠습니다.

리브스: (속으로 생각하며) 오, 이건 아냐! 이 시간이 영어 독해 연습 시간이 되면 안 돼. 나는 하나님의 말씀을 선포하려 한다고! (온갖 불편함을 털어내면서 설교단/연단으로 올라간다.)

조금은 잘난 체하는 것처럼 들릴 수도 있을 것이다. 하지만 이는 우리가 성경을 그리스도를 제시하고 그분을 **바라도록** 이끄는 하나님의 참된 말씀으로 듣는 것이 아니라 단지 흥미로운 글을 연구하는 것처럼 대하지는 않을지 두려운 마음이 일어나기 때문에 나타나는 반응이다. 성령께서 성경을 영감하신 것은 단순히 우리의 행동을 바꾸고 그리스도에 대해 알게 하려는 것이 아니라, 칼빈이 쓴 것처럼 우리가 그리스도를 향한 "신실한 애정"을 갖고 "진심으로 그분을 끌어안도록" 하기 위함이다.[9] 유난히 반짝이는 눈을 가졌던 19세기의 설교 대가인 찰스 스펄전Charles Spurgeon은 이를 다음과 같이 설명했다. "하나님의 참된 종들은 누구든지 '우리는 그리스도와 그분의 십자가 죽음을 전한다'는 말을 좌우명으로 삼아야 한다. 그리스도를 전하지 않는 설교는 밀가루가 전혀 없는 빵덩어리와 같다. 그리스도가 없는 설교라니! 그냥 집으로 가 버리고, 설교할 가치가 있는 무언가를 찾기 전까지 다시는 설교하지 말라."[10]

과연 그렇다! 그리스도가 바로 하나님의 말씀이시기 때문이다. 그리스도가 없다면 우리는 "두더지보다 더 눈이 먼 자들"에 불과하여, 하나님을 아버지로 생각하는 것은 꿈도 꾸지 못할 것이다. 그러나 성령의 영감을 받은 성경은 그리스도를 성부의 광채이자, 성부를 알고 사랑하며 성부의 사랑을 받는 참된 삶을 나누실 수 있는 유일한 분으로 선포한다.

4

그리스도인의 삶: 아름답게 하시는 성령

문: 새 사람으로 산다는 것은 무엇을 말합니까?
답: 그리스도로 말미암아 전심으로 하나님을 기뻐하고
하나님의 뜻에 따라 모든 선을 행하기를 즐거워하는 것입니다.

하이델베르크 요리문답 90문

생명의 성령

니케아 신조는 성령에 대해 말하면서 시작부터 성령을 가리켜 "생명을 주시는 하나님"이라고 고백한다. 태초에 성령께서는 어미 비둘기처럼 피조물에 활력을 주시고 그 안에 생명을 불어 넣으시는 분이셨다. 마찬가지로, 성령께서는 새 생명을 주신다. 먼저는 무덤에 누우신 예수님께(롬 8:11), 이후에는 우리에게 주신다.

이 말은 어떤 중대한 사실을 가르쳐 왔다. 바로 우리 스스로는 생명을 가질 수 없다는 것이다. 우리는 철저히 성령을 의존하고 있다. 우리가 그처럼 성령에 기대어 창조되었는데, 하물며 지금은 오죽하겠는가! 창세기 3장에서 아담과 하와가 하나님으로부터 돌아섰을 때, 그들은 사실 사망을 향해 돌아선 것이다. 그 결과 우리는 모두 영적으로 사산된 상태, 허물과 죄로 죽은 상태로 이 땅에 태어난다(엡 2:1). 물론 여기서 "사망"이란 존재가 없어지는 것을 말하지 않는다. 오히려 타락 후 아담과 하와가 그랬던 것처럼, 우리 마음이 하나님으로부터 돌아선 것을 말한다. 본성적으로 우리는 생명의 근원이신 하나님이 아닌 다른 것들—특별히 우리 자신—을 사랑하고 원한다.

진짜 문제는 바로 이것이다. 우리는 자신의 마음을 따라 우리가 갈망하는 것을 하도록 지어졌기 때문이다. 아담과 하와가 처음 죄를 범하면서 그들 자신의 욕망을 따른 것처럼, 우리 역시 같은 일을 계속한다. "사람이 마음으로 자기의 길을 계획할지라도"(잠 16:9). 그러나 만약 생명의 주님을 원하지 않는다면—우리 마음이 생명의 주님을 갈망하지 않는다면—우리는 결코 하나님을 택하지 않고 사망에 매인 자로 남아 있을 수밖에 없다. 우리 안에는 생명에 대한 아무런 소망이 없다. 그래서 마르틴 루터는 성령에 대해 가장 먼저 가져야 할 믿음을 이렇게 설명했다. "나 자신의 지성과 능력으로는 내 주 예수 그리스도를 믿을 수도 없고 그분께로 나아갈 수도 없다. 그러나 성령께서 복음을 통해 나를 부르셨다."[1]

문제는 우리의 마음이다. 그래서 성령께서는 새 마음을 주셔서 우리를 새 생명으로 거듭나게 하신다(겔 36:26, 요 3:3-8). 성령께서는 성경이라는 도구를 사용하신다(벧전 1:23, 약 1:18). 성경을 통해 우리의 먼눈을 뜨게 하셔서 진실하고 아름다우신 주님을 보게 하시고 우리의 마음을 다시 주님께로 돌리신다. 이것이 바로 생명 곧 주님을 아는 것이다(요 17:3).

자기를 주시는 성령

성령께서 주시는 생명은 어떤 추상적인 것이 아니다. 사실 성령께서는 무엇보다도 어떤 **것**을 주시는 분이 전혀 아니다. 성령께서는 자기

이생의 정욕

이런 사실을 친히 경험했던 사람이 바로 성경 대부분을 원래의 히브리어와 그리스어에서 처음으로 영어로 번역한 언어의 천재 윌리엄 틴들William Tyndale, 1494?-1536 이다. 틴들은 기독교 신앙은 대체로 바른 행위와 바른 의식과 같은 외적인 것에 관한 문제라고 믿으며 자랐다. 그러나 성경을 탐독하면서 그런 자신의 생각은 기껏해야 뒤죽박죽 혼돈의 연속일 뿐이라는 것을 알게 되었다.

그가 나중에 적은 것처럼, 죄는 "몸으로 범하는 외적인 행위뿐만이 아니다." 모든 죄악된 행위는,

모든 능력과 감정과 욕구를 동반한 마음에서 비롯된다……성경은 유독 마음 및 모든 죄의 뿌리와 원천에 주목하는데 그것은 바로 마음 기저에 자리한 불신앙이다.

우리의 문제는 우리의 욕망에 있는데, 본성적으로 우리가 하나님에 대한 갈망이 없고 다른 곳에 애정과 관심을 쏟는다는 것이다. 유일한 생명의 소망은 "욕망(즉, 하나님을 향한 갈망!)을 불러일으키고 포로 된 마음을 풀어 주고 자유의 몸으로 해방시키는" 성령과 더불어 발견된다.[2]

틴들의 글에서는 이런 구절이 많이 등장한다. 마치 해수면의 하얀 물살처럼, 이는 무언가 강력한 것이 그 아래에서 움직이고 있음을 보여준다. 구원에 있어서 성령의 처음 사역이 사람의 속박된 마음을 풀어 주어 주님을 향한 열망이나 갈망을 갖도록 하는 것이라면 그리스도인의 삶은 단순히 "천국에 가는 것" 이상이다. 성령께서는 우리를 거룩한 삶으로 이끌어 들이신다. 성부께서는 성령으로 말미암아 영원토록 성자를 기뻐하신다. 우리에게 새 생명을

주시는 성령의 사역은 다름 아닌 성부와 성자께서 상호 누리시는 즐거움을
우리도 나누도록 참여시키시는 것이다.

자신을 주셔서 우리가 그분을 알고 즐거워하도록 하고 또한 그분께서 성부와 성자와 더불어 누리시는 교제에 참여하도록 하신다. 청교도 신학자 토머스 굿윈[Thomas Goodwin]은 "하나님은 다른 모든 좋은 것들로 우리에게 복 주실 뿐만 아니라, 무엇보다 **자기 자신**과 자신의 행복을 나누어 주신다"고 썼다. 앞에서 우리는 많은 신학자들이 생명과 사랑을 부어 주시는 하나님을 즐거이 샘에 비유하는 것을 보았다. 이와 더불어 신학자들이 하나님을 가리키기 위해 즐겨 사용한 또 다른 유비는 바로 사방에 빛을 발하는 태양이다(시편 84:11과 요한복음 8:12 같은 구절을 근거로 든다). 굿윈은 태양을 빗대어 하나님에 대해 말한다. "태양이 모든 좋은 것들로 세상을 윤택하게 할 뿐 아니라……그 빛나고도 따스한 **날개**로 만물을 기쁘고 생기 있게 만드는 것을 보고 즐기는 것은 참 기쁜 일이다. 그리고 이는 하나님과 의의 태양이신 그리스도에 대해서도 마찬가지다."[3]

태양이 **자연스럽게** 그 빛과 온기로 우리를 비추는 것처럼, 하나님은 우리에게 자기 자신과 그분이 영원토록 누려 오신 행복을 주신다. 하나님은 성자를 우리에게 주시고 또한 성령을 우리에게 주셔서 그렇게 하신다.

이는 은과 같이 쉽게 변색되고 때가 탈 수 있는 진리들 가운데 하나다. 예를 들어, 그리스도인들은 우리에게 "은혜"를 주시는 하나님을 말하면서, 이 "은혜"를 마치 하나님이 조금씩 나누어 주는 일종의 영적인 용돈 정도로 생각하기 쉽다. 심지어 "은혜"[GRACE]를 "그리스도의 값으로 말미암은 하나님의 부요함"[God's Riches At Christ's Expense]이라고 설명하는 오래된 방식 역시 은혜를 마치 하나님이 주시는 어떤 물건 정도로 들리게 할 수 있다. 그러나 "은혜"라는 말은 사실 궁극적으로 하나님이 **자기 자신**을 주시는 인격적이고 애정 어린 친절하심을 줄여서 말하는 방식일 뿐이다.

지금 우리는 16세기 종교개혁의 핵심으로 점점 다가서고 있다. 중세 로마 가톨릭에서는 은혜를 눈에 보이는 "물질"로 여겼다. 그래서 가톨릭교도들은 마치 마리아가 병이고 은혜가 그 안에 담긴 우유라도 되는 것처럼 "은총이 **가득하신** 마리아님, 기뻐하소서"라고 기도하곤 했다. 1539년에 있었던 (붉은 진영의) 로마 가톨릭 추기경 사돌레토Sadoleto와 (푸른 진영의) 종교개혁자 칼빈 사이의 중요한 논쟁에서 이런 믿음의 부산물을 찾아볼 수 있다.

종교개혁의 메시지를 반대하는 사돌레토의 주장 가운데 하나는, 만약 하나님이 오직 은혜로만 사람들을 구원하신다면 사람들은 거룩함을 추구할 어떤 이유도 얻지 못하리라는 것이었다. 결국 나의 거룩함이 내가 구원을 받는 데 아무런 기여도 하지 못한다면, 내가 굳이 애써야 할 이유가 없지 않은가? 어쨌든 나는 "은혜"를 받을 것이니 말이다. 이는 칼빈 신학의 머리에 날린 강력한 잽이었다. 하지만 이 종교개혁가는 이에 녹아웃 블로로 응수했다. 사돌레토는 근본적으로 구원을 오해했는데, 마치 구원이 아름답고도 거룩하신 하나님을 알고 사랑하며 그분을 기쁘시게 하기를 바라도록 이끄는 것이 아니라 어떤 물질적인 것인 양 생각했다는 것이다. 칼빈에게 구원은 "은혜"라고 부르는 어떤 **것**을 얻는 게 아니라, 성령을 값없이 받고

사돌레토(왼쪽)와
존 칼빈(오른쪽)

이로 인해 성부와 성자도 받는 것이었다.

성령을 인격이 아닌 능력으로 생각하는 경우 사돌레토와 같은 문제가 발생한다. 다시 말해, 이런 이해는 하늘 높이 계신 하나님이 복의 표지들("능력")을 아래로 던져 주신다는 인상을 준다. 그동안 하나님 자신은 저 멀리 떨어져 계신다. 만약 그것이 사실이라면, 이런 능력과(혹은 성부나 성자와) 교제하기는 어렵다. 성령은 내가 인생을 잘 살기 위해 계속 붙잡고 사용해야 할 능력이어야 할 뿐이다. 누군가는 마술을 행한다. 다른 누군가는 돈과 최신 화장품을 가지고 있다. 나는 성령을 사용한다. 그리고 내가 어떻게 해서든 다른 그리스도인보다 성령을 더 많이 사용한다면, 나는 신령한 사람으로 환호를 받는다.

성령이 예수 그리스도와 같이 진짜 인격이라는 사실을 아는 것과 그 성령이 내 안에 거하기 위해 오신다는 것은 얼마나 다른가! R. A. 토레이^{Torrey}는 아주 독특하게도 이렇게 말한다.

> 젊은이들이 얼마나 자주 죄악된 장소로 들어가는 문고리를 잡고 들어서려다가도 "내가 이곳에 들어간 것을 우리 어머니께서 아신다면 돌아가실지도 몰라" 하는 생각이 떠올라 그 문으로부터 돌이켜 어머니가 슬퍼하지 않도록 순전한 삶의 길을 가는가. 하지만 어떤 어머니보다 더 거룩하시고, 이 땅에 살았던 그 어떤 순전한 여인보다 죄에 대해 민감하시고, 그 어떤 어머니보다 우리를 더 사랑하시는 분이 계신다. 우리가 진정한 그리스도인이라면 이 분은 우리 마음에 거하시며, 밤이나 낮이나 우리의 모든 일거수일투족을 지켜보신다. 공적인 일에나 사적인 일에나 우리의 입에서 나오는 모든 말을 들으시고, 우리가 하는 모든 생각을 감찰하시고, 순간적으로 떠올랐다가 사라지는 모든 이미지와 상상까지도 보실 뿐 아니라, 조금이라도 거룩하지 않고, 부정하고, 이기적이고, 천박하고, 저급하고, 무정하고, 잔인하고, 부당한 것, 또는 악한 행위, 말, 생각, 상상에도 현저히 슬퍼하시는 분이다.^{4}

단순히 우리의 죄가 그분을 슬프시게 하는 게 아니다. 성령께서 우리 안에 인격적으로 거하신다는 말은 곧 성령께서 성부, 성자와 누리시는 친밀한 교제에 우리를 데려가신다는 것을 의미한다. 성령이 하나님이 아니라면 그렇게 하실 수 없다. 하나님이 삼위—성부, 성자, 성령—이시기 때문에 우리가 그러한 교제를 누릴 수 있다. 하나님이 하늘에 계시고 성령이 단지 능력에 불과하다면, 하나님은 달보다 더 멀리 떨어져 계실 것이다.

새 생명을 위한 산소

성령께서 주시는 생명은 막연하고 추상적인 축복 꾸러미가 아니다. 우리와 나누시는 성령 자신의 생명이요, 성부와 성자와 더불어 교제하시는 생명이다. 그러므로 성령은 우유배달부처럼 "생명"이라는 선물을 우리 집 문간에 놓아두고 다른 데로 가시는 분이 아니다. 생명을 주심으로 우리에게 오셔서 우리와 함께 거하신다. 새 생명을 주시고 나서 홀연히 떠나시는 분이 아니다. 생명이 꽃을 피우고 자라도록 하기 위해 머무신다.

윌리엄 틴들은 "성령께서 계신 곳은 항상 여름이다. 거기에는 항상 선행이라고 하는 좋은 열매가 자라기 때문이다"라고 썼다.[5] 틴들은 지금 임의로 오래된 이미지를 골라 말하는 것이 아니다. 성령의 여름이 가져다주는 온기는 중요하다. 성령께서는 우리의 마음을 돌이키시고 그리스도를 갈망하게 하는 생명으로 우리를 따뜻하게 하실 뿐 아니라 계속해서 온기를 누리도록 하시기 때문이다. 성령께서 주시는 새 생명은 온화한 생명이다. 이 생명은 성부와 성자를 즐거워하시는 성령 자신의 생명이고, 성령께서는 바로 우리 마음이 성부와 성자를 향해 따뜻해지도록 하셔서 우리를 기르신다.

조나단 에드워즈는 틴들의 이미지를 다음과 같이 확대시켰다.

십계명이 새겨진 돌판을 들고 선 모세 성령께서는 단지 우리가 법을 잘 지키도록 하기 위해 보내심을 받지 않았다. 오히려 우리가 성자를 알고 그분을 닮아 가도록 하기 위해 오셨다. 그리스도를 아는 것이 생명이다.

명랑한 봄날 온 지면의 꽃들이 해의 온기와 빛을 흠뻑 머금고 햇빛으로 인한 아름다움과 향기로 흐드러지기 위해 해를 향해 만개하는 것처럼, 모든 성도들은 하나님으로부터 넘쳐나는 사랑으로 마음을 가득 채우기 위해 사랑의 샘이신 영광의 하나님을 둘러설 것이다. 각각의 성도들은 하나님의 동산에 피어난 꽃이고, 거룩한 사랑은 성도들이 발산하여 동산을 채우는 향기이자 달콤한 냄새다.[6]

여기서는 그렇게 많이 언급되지 않지만, 에드워즈는 성령의 사역을 묘사하고 있다. "우리에게 주신 성령으로 말미암아 하나님의 사랑이 우리 마음에 부은 바 됨이니"(롬 5:5). 이것이 바로 성령께서 우리에게 자신의 생명을 부어 주시는 방식이다. 우리를 조명하셔서 하나님의 사랑을 알게 하시고, 그 빛으로 우리 마음을 따뜻하게 하셔서 우리가 하나님을 사랑하고 다른 이들을 향한 사랑으로 넘쳐나도록 이끄신다.

그렇다면 성령께서는 어떻게 우리가 하나님의 사랑을 깨닫도록 하시는가? 간단히 말해, 우리 눈을 열어 그리스도의 영광을 보게 하셔서 깨닫게 하신다. 이렇게 성령께서는 신자들을 위로하신다. 예수께서 그렇게 말씀하신다. "내가 아버지께로부터 너희에게 보낼 보혜사 곧 아버지께로부터 나오시는 진리의 성령이 오실 때에 **그가 나를 증언하실 것이요**"(요 15:26). 그리스도를 아는 것—또한 그리스도를 통해 성부를 아는 것—이 바로 성령께서 주시는 생명이다. 고린도후서 3장에서 바울은 여호와 하나님과 함께 머물렀던 모세의 얼굴이 어떻게 빛을 발하게 되었는지 적고 있다. 마찬가지로, 복음에 나타난 주님의 영광을 주목함으로 우리도 "그와 같은 형상으로 변화하여 영광에서 영광에 이르니 곧 주의 영으로 말미암는" 것이다(고후 3:18). 리처드 십스는 고린도후서 3장을 염두에 두고 이렇게 썼다.

그리스도를 주목한다는 것은 시각이 변한다는 것이다. 성령께서는 우리를 새로운 피조물이 되게 하시고, 우리를 불러 일으켜 이 하나님의 종을 바라보게 하신다. 시선이 완전히 바뀌는 것이다.……사람은 복음 안에 있는 하나님과 그리스도의 사랑에 주목하지 못한다. 그러나 성령으로 말미암아 이 사랑을 봄으로써 사람은 하나님과 그리스도와 같이 변화될 것이다. 우리가 어떻게 그리스도를 보는지, 그리스도 안에서 하나님을 어떻게 보는지에 따라, 하나님이 얼마나 죄를 미워하시는지 알게 될 것이다. 하나님이자 사람이신 그리스도의 피가 아니고서는 속죄하지 못할 정도로 죄를 미워하시는 하나님을 따라 우리도 죄를 미워하도록 변화될 것이다. 하나님과 그리스도의 사랑에서 드러난 하나님의 거룩하심이 우리를 거룩하게 변화시킬 것이다. 복음 안에서 하나님의 사랑과 우리를 위해 자기를 내어주신 그리스도의 사랑을 봄으로써, 우리는 변화되어 하나님을 사랑하게 될 것이다.[7]

성령께서 처음 빛을 비추셔서 내 눈을 열어 주시고 열을 발하셔서 내 마음을 그리스도께로 돌리셨을 때 나에게 새 생명이 시작되었다. 생애 처음으로 그리스도를 즐거워하고 사랑하기 시작했다. 성부께서 항상 성자에게 그러하신 것처럼 말이다. 그리고 그리스도로 말미암아 생애 처음으로 성부를 즐거워하고 사랑하기 시작했다. 성자께서 항상 성부께 그러하신 것처럼 말이다. 이렇게 새 생명이 시작되었듯, 계속해서 이 생명을 살아가게 하신다. 성령께서는 내게 그리스도의 아름다움, 사랑, 영광, 다정함을 나타내셔서 내 안에 하나님을 향한 더 깊고 신실한 사랑을 불러일으키신다. 그리고 그리스도를 더 많이 생각하도록 나의 마음을 불러일으키셔서 점점 하나님을 닮아 가도록, 곧 나에 대한 집착은 작아지고 그리스도에 대한 사랑은 커지도록 나를 만들어 가신다.

아름다움의 원형이자 수여자이신 그리스도

하나님을 향한 사랑을 자기를 향한 사랑으로 돌리게 되면, 당연히 우리는 마귀와 같이 추악하고 더욱 자기에게만 몰두하는 사악한 존재가 된다. 그러나 성령께서는 우리를 아름다움의 원형이신 그리스도께 점점 심취해 가도록 이끄셔서 그리스도의 형상을 발하는 새로운 인류로 빚어 가신다. 우리는 점점 우리가 예배하는 대상과 같이 변해 간다. 이는 궁극적으로 우리 몸의 변화에도 해당한다. 창세기 3장에서 하나님으로부터 돌아서는 것은 육신의 타락, 부패, 죽음을 의미한다. 그러나 결국에는 우리 몸을 그리스도의 영화로운 부활의 몸으로 변화시킬 성령으로 말미암아 모든 것은 원래의 상태 이상으로 바뀌게 될 것이다(빌 3:21, 고전 15:44-49). 성령께서는 자신의 새로운 피조물을 아름답게 하신다.

이는 뒤틀리고 어그러진 우리를 온전하게 하신다는 의미다. 본성적으로 나는 나 자신에게만 몰두하고, 스스로 독립적인 존재임을 가정하고 소름끼치도록 그것을 만끽한다. 그러므로 이런 내가 조금이라도 성부, 성자, 성령과 같이 자기 밖을 향하고 주목하는 존재가 되려고 하면, 성령께서는 먼저 나 자신에 몰두하고 있는 눈을 다른 데로 돌리셔야 한다(나에게서 그리스도께로 돌리셔서 그렇게 하신다). 물론, 하나님이 자기 밖을 향하시는 분이 아니라면 성령께서는 나의 이런 모습을 전혀 신경 쓰실 필요도 없고 또 그렇게 하지도 않으실 것이다. 만약 하나님이 그저 내가 자신의 지배 아래 사는 것으로 만족하신다면 성령―만약 그가 신경을 쓰는 분이라면―께서는 내가 법을 잘 지키는 시민이 되도록 신경 쓰면 된다. 내 속에 자리한 자기애는 결코 도전받을 일이 없다. 오히려 어떻게 하면 규율을 잘 지키는지에만 몰두하면서 기꺼이 자기애를 키워 나갈 것이다. 그러나 성령께서는 보다 깊은 목적을 가지고 우리에게 오신다. 바로 우리가 성자를 알고 그분을 닮아 가게 하는 것이다. 즉, 중요한 점은 내 눈이 그리스도를 바라보는 것이다. 그리스도를 아는 것이 생명이고 그리스도를 의지하는 것이 생기를 불어넣는 일이다. 스펄전은 이 사실을 깨닫는 것이야말로 그리스도인의 행복의 비밀이라고 말했다.

> 자기에게 몰두하고 있는 우리의 시선을 돌려 그리스도를 바라보게 하는 것은 항상 성령께서 하시는 일이다. 그러나 사탄의 일은 이와는 정반대다. 사탄은 우리로 하여금 끊임없이 그리스도 대신에 우리 자신에게 몰두하도록 한다.……우리가 우리의 기도, 우리의 행동, 우리의 감정을 살피고 있으면 결코 행복을 찾을 수 없을 것이다. 우리 영혼에 안식을 주는 물음은 "우리는 어떤 사람인가"가 아니라 **"예수님이 누구신가"**다. 사탄을 단번에 이기고 하나님과 평화를 누리고자 한다면 "예수님을 바라보아야" 한다.[8]

삼위일체 안에 있는 생명

하나님은 성령을 주셔서 자기의 생명을 우리와 나누시고 우리를 자기의 생명으로 이끌어 들이신다. 성부께서는 영원 전부터 자기의 위대한 아들을 아시고 사랑하셨다. 또한 성령으로 말미암아 우리의 눈을 열어 우리 역시 하나님을 알게 하시고 우리의 마음을 돌이켜 우리 역시 하나님을 사랑하게 하신다. 결국 성자를 향한 우리의 사랑은 성부의 영원한 사랑의 메아리요 확장이다. 다시 말해, 성령을 통해 성부께서는 자신을 가장 기쁘게 하는 즐거움, 곧 성자를 함께 누리도록 하신다. 하나님이 우리를 창조하시도록 영감을 준 것은 무엇보다 성자를 향한 넘치는 사랑이었다. 그리고 그 사랑으로 우리는 하나님의 최고의 즐거움을 함께 누리게 된다.

사실 이것이 바로 경건, 곧 하나님을 닮아 간다는 말이 뜻하는 핵심적인 의미다. 그래서 예수님은 이렇게 말씀하신다. "하나님이 너희 아버지였으면 너희가 나를 사랑하였으리니"(요 8:42). 성자를 향한 성부의 사랑이 성부의 정체성 그 자체이기 때문에 우리가 성자를 사랑할 때 우리는 다름 아닌 성부의 가장 중심적인 성격을 반영하는 것이다. 이를 위해 성령이 주어졌다. 그래서 청교도 신학자 존 오웬은 이렇게 썼다. "성령은 우리가 하나님의 형상을 따라 새롭게 되는 변화의 중심에 자리한다. 어떤 것도 우리가 예수 그리스도를 사랑하는 만큼 하나님을 닮아 가도록 만들 수 없다."[9]

또한 성령께서는 우리로 하여금 그리스도를 알고 사랑할 수 있게 하실 뿐 아니라, 그리스도의 마음을 주셔서 우리가 그리스도를 닮아 가게 하신다. 무엇보다 성자의 가장 큰 특징은 성부와의 관계, 곧 성부의 사랑과 생명을 알고 또 받아 누리는 것이다. "오직 내가 아버지를 사랑하는 것과 아버지께서 명하신 대로 행하는 것을 세상이 알게 하려 함이로라"(요 14:31). 우리가 성자의 형상으로 변화할 때 그 핵심은 성부를 깊이 즐거워하는 일에 함께 참여하는 데 있다. 우리는

돌아온 탕자 성령께서는 성자로 인한 성부의 즐거움에 참여하도록 우리를 이끄신다.

성자를 사랑하고 즐거워하는 가운데 성부를 닮고, 성부를 사랑하고 즐거워하는 가운데 성자를 닮는다. 그리고 이것이 바로 성령께서 우리를 불러 누리게 하시는 복된 삶이다.

지난 장에서 우리를 그리스도와 연합하게 하시는 분은 성령이라고 했다. 성령께서는 대제사장의 머리에서 온몸으로 관유가 흘러내리는 것처럼, 머리이신 그리스도의 복을 그의 몸인 교회에 전해 주신다. 그리스도의 것을 취하여 우리 것으로 만들어 주셔서(요 16:14), 사랑받는 성자 안에서 우리 역시 사랑받는 자녀가 되게 하신다. 이 얼마나 위대하고 사랑스러운 성령의 사역인가! 성령께서는 우리를 성자와 연합하게 하셔서 성자를 향한 성부의 사랑이 우리를 감싸게 하신다. 성자로 인한 성부의 즐거움에 함께 참여하도록 우리를 이끄신다. 성부를 향한 성자의 즐거움에 참여하게 하신다. 이를 위해 오신 성령과 동행하는 것보다 더 즐거운 일이 어디 있겠는가?

조나단 에드워즈는 이렇게 썼다. "성도들 안에 있는 신성한 원리는 성령의 본성에서 비롯된다. 하나님의 성령의 본성은 신적인 사랑이다. 그렇기 때문에 신적인 사랑이야말로 성도들 마음에 자리한 거룩한 원리의 본질과 핵심이다."[10] 성부께서는 성령으로 말미암아 영원 전부터 성자를 사랑하셨다. 그래서 성부와 성자께서는 성령을 우리에게 주셔서 자신들의 생명, 사랑, 교제를 나누시는 것이다. 성령으로 말미암아 나를 그리스도와 연합시키시는 성부께서는 나를 자신의 자녀로 아시고 사랑하신다. 성령으로 말미암아 나 역시 성부를 아버지로 알고 사랑한다. 성령으로 말미암아 비로소 나는 제대로 사랑하기 시작한다. 성령께서는 자기애에 사로잡힌 나를 바로잡으셔서 성자를 기뻐하시는 성부의 즐거움과 성부를 기뻐하시는 성자의 즐거움에 참여하게 하신다. 성령으로 말미암아 나는 (서서히!) 하나님처럼 사랑하기 시작한다. 다른 이들을 향한 그분의 관대하고도 넘쳐나는, 자기를 내어주는 사랑을 가지고서 말이다.

"참된 신앙의 대부분은……"

지금까지 살펴본 바에 따르면, 이런 하나님과 함께하는 삶과 다른 신과 함께하는 삶의 차이는 마치 오렌지oranges와 오랑우탄orang-utans이 다른 것만큼이나 다르다. 예를 들어, 만약 하나님이 우리가 알고 사랑하도록 하는 분이 아니라 단순히 그의 지배 아래 살도록 하는 분이

성부, 성자, 성령을 아는 지식과 기도

성부와 성자와 성령을 아는 지식이 무엇인지에 대해 쓰여진 가장 통찰력 있는 책 가운데 하나는 17세기 위대한 청교도 신학자 존 오웬—당시 오웬은 "얼마나 많은 분을 머리에 바르고 다녔는지 그 머리가 마치 대포 여덟 발을 발사할 정도였다"고 한다—이 쓴 『성부, 성자, 성령 하나님과의 교제』 Communion with God with the Father, Son, and Holy Ghost, Each Person Distinctly, in Love, Grace, and Consolation다(당시에는 책 제목이 이런 식이었다).

그가 책의 제목을 이렇게 정한 것은, 우리가 교제하고 기도하는 하나님은 "일반적인 하나님"이나 추상적인 신성이 아니라는 것을 분명히 하기를 원했기 때문이다. 그리스도인은 성부와 성자와 성령과의 교제로 부르심을 받았다.

오웬은 먼저 성부와의 교제로 시작한다. 오웬의 말은 특별히 인상적인데, 성부께서 마치 저 멀리 흑암 가운데 계신 것처럼 여기고 대수롭지 않게 피하는 우리의 모습을 표현하는 그의 방식은 얼마나 섬세한지 모른다. 실제로 오웬은 "하나님은 우리를 가장 사랑하시는 **아버지**이심을 기억해야 한다"고 말한다.

하나님을 이렇게 발견하지 않는다면 영혼은 하나님을 피해 달아날 수밖에 없다. 하지만 일단 그 마음이 성부가 가진 사랑의 고귀함과 어울리기 시작한다면 성부에게 사로잡히고 정복되어 사랑받게 되지 않을 수 없다. 이것이 우리가 하나님과 함께 거하기를 갈망하게 한다. 만약 아버지의 사랑이 자녀가 아버지를 기쁘게 하지 못한다면, 무엇이 이를 가능하게 할 수 있겠는가? 그렇다면 이렇게 한 번 해보라. 성부께서 값없이 주시는 영원하고도 풍성한 이 사랑을 생각하기를 훈련하면서 자기 마음이 과연 그분을 기쁘게 되는지 보라.[11]

성부께서는 우리가 그리스도 안에서 보는 모든 사랑의 원천이시고, 따라서 우리는 더 이상 하나님을 저 멀리 떨어져 있는 무신경한 존재로 여기지 않아도 된다. 사실 오웬은 신자가 하나님을 가장 무정하게 대하는 행동은 하나님이 당신을 사랑하고 계심을 믿기를 거부하는 것이라고 주장했다. "이보다 더 하나님을 어렵고 불편하게 하는 일도 없다."[12] 하나님은 우리를 양자 삼으신 우리의 아버지시기 때문이다.

다음으로 성자는 우리에게 성부를 완전히 계시하시고 자신의 삶, 죽음, 부활, 승천을 통해 하나님을 **우리** 아버지로 누리게 하신다. 이때 성자는 계시자요 중보자이며, 우리는 성자를 통해 성부와 교제한다. 성자는 또한 교회의 신랑으로 자기의 신부를 성부께로 데려가기를, 또한 신부가 신랑과의 감미로운 교제를 알기를 기뻐하신다.

또한 성령이 우리를 위로하신다. 우리가 죄로 인해 의심하고 염려하며 냉담해 가고, 사탄이 온갖 고소를 퍼붓는 곳에서, 성령께서는 우리가 성부의 사랑과 성자의 완전한 구원을 확신하도록 하신다. 성령께서는 성자, 성부와의 교제를 참되고 즐거운 교제로 만드신다. "이것이 세상 마지막 날까지 성령께서 하시는 일이다. 그리스도의 약속들을 우리 생각과 마음에 불러일으키고, 이 약속들이 가진 위로와 기쁨과 달콤함을 누리게 하신다."[13]

이 모든 사실을 감안할 때 우리의 기도는 어떠해야 하는가? 우리의 교제는 삼위 하나님 모두와 누리는 교제이기 때문에 우리가 하는 기도 역시 삼위 하나님 모두에게 드리는 것이 지극히 맞다. 예수님은 아버지께 기도하라고 권하신다(요 16:23). 사도행전 7:59에서 스데반은 예수님께 기도했다. 성령께 드리는 기도는 성경에서 명시적으로 찾아보기 어렵지만, 오웬은 분명히 성령께도 기도할 수 있다고 말한다. "성령께서는 하나님이므로, 성부와 성자에 비해 부르기에도, 기도하기에도, 간구하기에도 부족함이 없는 분이시다."[14]

그렇긴 해도, 그리스도인이 드리는 **평범한** 기도도 무언가 부요하고 매력적이다. 기도를 통해 우리는 성부, 성자, 성령께서 이미 누리고 계시는 교제에 참여한다. 다시 말해, 우리를 위해 이미 성부께 중보하고 계시는 성자께서 우리를 성부 앞으로 데려가신다. 지성소에 계신 여호와의 임재 안으로 들어가는 대제사장을 생각해 보라. 성자께서는 바로 이렇게 우리를 성부 앞으로 데려가시고, 성령께서는 그곳에서 우리를 도우신다(롬 8:26). 그리고 성령께서 우리를 도우시기 때문에, 성자께서는 우리를 데려가시고, 항상 자기 아들의 기도를 듣기 기뻐하시는 성부께서는 우리의 기도도 즐겁게 들으신다. 우리는 성자 안에서 확고하게, 성자와 더불어 성령으로 말미암는 능력을 힘입어 우리의 아버지께 기도한다.

　　성령을 힘입어, "예수님"의 이름으로, 하나님을 "아바"라 부르며 드리는 기도는 단지 자신의 신학적 기교를 과시하는 현란한 그리스도인의 태도와는 다르다. 삼위 하나님이 친히 누리시는 교제와 아름다움의 형태를 한껏 누리는 것이다. 하나님이 이런 분이 아니시라면 우리의 기도가 얼마나 달라졌을지 생각해 보라. 성령께서 우리가 "아바"라 부르짖게 하지 않으셨다면, 그것은 하나님이 실제로 우리의 아버지가 아니고 사랑하시는 독생자가 그 곁에 계시지 않기 때문이다. 그런 단일 위격의 하나님이 과연 아득히 먼 곳에서 자기에게만 몰두하는 초월성을 가진 상태로 우리의 기도를 듣기나 하시겠는가? 우리의 울음소리가 단지 그분의 소중한 개인 시간에 방해가 되지는 않겠는가? 그렇다. 하나님이 삼위일체가 아니라면 그저 조용히 지내며 아무런 소리도 들리지 않기를 소망할 것이다. 결국에는 자기 외에 다른 어떤 것의 존재도 원하지 않을지도 모른다.

라면, 우리의 행실과 성과가 가장 중요한 문제가 되었을 것이다. 우리가 원하고 사랑하며 즐기는 것이 무엇인가와 같은 더 깊고 내밀한 질문은 할 수 없을 것이다. 하지만 실상 그리스도인의 삶은 성부, 성자, 성령께서 서로 누리시는 즐거움에 참여하는 것이기 때문에 **열망**의 문제가 중요하다. 조나단 에드워즈가 말한 것처럼, "참된 신앙의 대부분은 경건한 열망으로 이루어진다."[15] 여기서 에드워즈가 말하는 경건한 열망이란 그리스도를 사랑하고 그분을 즐거워하는 마음을 가리킨다. 그리고 그의 주요 저작 가운데 하나인 『신앙감정론』*Religious Affections*이 바로 이 확신을 풀어놓은 책이다.

여기서 에드워즈가 하고자 하는 말은, 성령께서 우리를 단지 그리스도를 향한 외적인 행위가 아니라 실제로 그리스도를 사랑하고 그분 안에서 즐거워하는 데까지 이끄신다는 사실이다. 또한 "그리스도를 위한" 어떤 행위도 그리스도를 기쁘시게 할 수 없다는 것이다. 에드워즈는 그러한 사랑 없는 기독교를 냉랭한 결혼에 빗대며 이렇게 묻는다.

만약 아내가 남편을 존경하는 태도로 대하기는 하지만 그것이 남편을 향한 사랑이 아닌 명백히 다른 이유에서 비롯된 것이고 당사자인 남편도 그것을 확실히 안다면, 남편은 아내의 그런 외적인 태도를 자기에게 존경을 표하는 모양으로 고안된 목각 인형의 행동보다 더 기뻐하겠는가?[16]

에드워즈는 우리가 낄낄거리며 "그럴 수는 없죠!"라고 대답하리라고 예상했을 것이다.

　사랑하고 즐거워하는 것은 기본적으로 중요하다. 우리의 외적인 행동보다 훨씬 더 중요하다. 우리의 열망이 우리의 행실을 **이끌기** 때문이다. 사람은 자기가 원하는 일을 한다. 성부, 성자, 성령께서는 서로를 사랑하시고 즐거워하신다. 우리 역시 삼위 하나님의 형상을 따라 삼위 하나님을 사랑하고 즐거워하도록 지어졌다. 그럼에도 우리 모두는 무턱대고 바보같이 다른 것들—실제로는 우리를 완전히 만족시킬 수 없는 것들—을 사랑하고 즐거워하느라 하나님을 저버렸다. 그래서 성령께서 하시는 처음 사역은 우리의 열망을 제대로 돌려놓으시고, 우리의 눈을 여시며, 우리에게 성자를 향한 성부 자신의 기쁨과 성부로 말미암은 성자 자신의 즐거움을 주시는 것이다.

　「하이델베르크 요리문답」(1563)은 이를 탁월하게 포착해 낸다. "질문: 새 사람으로 산다는 것은 무엇을 말합니까?", "대답: 그리스도로 말미암아 전심으로 하나님을 기뻐하고 하나님의 뜻에 따라 모든 선을 행하기를 즐거워하는 것입니다."[17] 성부와 성자의 영께서는 단순히 "선을 행하도록" 하기 위해 능력을 주시는 데에는 전혀 관심이 없다. 성령께서 바라시는 것(곧 성부와 성자께서 바라시는 것)은 그리스도로 말미암아 우리가 하나님을 전심으로 즐거워하도록 이끄시는 것이다. 즉 우리가 하나님을 알고 그분의 길을 기뻐하며, 그분이 원하시는 대로 행하고 그분을 슬퍼하시게 하는 생각은 무엇이든 미워하기를 바라신다.

축출하는 새 사랑의 능력

토마스 차머스Thomas Chalmers, 1780-1847
는 처음에는 교인들을 힘써 돌보는 목회
자가 아니었다. 사실 자신의 교구인 킬
매니(스코틀랜드 세인트앤드루스 근처의 마
을) 사역에 일주일에 하루 이상 쓸 필요
는 없다는 것이 그의 지론이었다. 그러
던 중 스물아홉 살 되던 해에 차머스는
중병으로 몸져눕게 되었는데 이때 윌리
엄 윌버포스William Wilberforce 같은 복음
주의자들의 저작들을 읽게 되었다.

병상에서 다시 일어난 차머스는 완전히 새로운 사람이 되었다. 은혜로만
얻는 구원을 열정적으로 증거하였고 많은 사람들이 그의 설교를 듣기 위해 킬
매니로 몰려들었다. 그로부터 4년이 지난 1815년, 차머스는 글래스고에 위치
한 트론 교회로 자리를 옮겨 갔고 설교단의 "살아 있는 불꽃"에 대한 소문은 온
나라에 퍼지게 되었다. 윌버포스는 자신의 일기에 "온 나라가 차머스의 설교에
열광했다"라고 적었는데, 이 말은 과장이 아니었다. 수많은 사람들이 굵은 목소
리에 파이프 지역 말투로 전하는 그의 설교를 듣기 위해 몰려들었고, 한번은 사
람들이 너무 많이 몰리는 바람에 창문을 통해 교회에 들어가야 했다.

나중에 차머스는 세인트앤드루스와 에든버러 지역의 여러 대학교에서
교수직을 맡았고 스코틀랜드 자유교회를 조직하는 데 주도적인 역할을 했
다. 하지만 지금 우리가 다루는 주제와 관련된, 곧 어떻게 우리가 성령 안에서
살아가는가에 대한 설교는 그가 글래스고에 있을 때 했던 설교다. 요한일서
2:15을 본문으로 행한 그 설교의 제목은 "축출하는 새 사랑의 능력"이다.

차머스가 말했던 우리의 문제는, 본성적으로 우리의 삶이 "세상"을 향한
사랑으로 이끌리고 통제된다는 것이다. 그렇다면 어떻게 해야 하는가? 더 나
아지겠다고 다짐하면 되는가? 의식적으로 세상은 그렇게 매력적이지 않다
고 생각하며 살면 되는가? 그렇지 않다. 차머스는 이런 모든 노력들은 "도움

이 되지 않으며 아무런 효력도 없다"고 못 박았다. "축출하는 새 사랑의 능력이 아니고서는 어느 누구도 옛 사랑의 마음을 버릴 수 없기" 때문이다. 우리는 **자신이 사랑하는 것**을 택할 능력이 없다. 항상 스스로 보기에 바랄 만한 것들을 사랑한다. 따라서 다른 어떤 것이 기존에 사랑하던 것보다 더 바랄 만한 것으로 드러날 때에야 우리가 사랑하는 대상을 바꿀 것이다. 그렇기 때문에 정말로 그리스도가 더 낫다고 느끼지 않는 한 나는 항상 죄와 세상을 사랑할 것이다.

성령께서 우리 안에서 이루시는 역사가 바로 이것이다. 주님이 선하신지, 얼마나 선하신지 보게 하시고 맛보아 알게 하셔서 주님을 바라도록 하신다. "사랑의 하나님께서는 이처럼 자신을 사랑받을 만한 분으로 나타내시고 당신의 믿음과 지각이 마음에 사랑을 불러일으켜 다시 돌아오기를 원하도록 하신다."[18]

차머스는 이런 방식으로 성령의 검을 휘둘렀다. 그리스도를 알게 해서 마음을 돌이키도록 이끌었다.

빈약한 구원

성령께서는 바로 생명을 주신다! 성령께서는 자기 자신을 주시고 성부, 성자, 성령이 누리시는 사랑의 교제에 우리도 참여할 수 있도록 하신다. 우리 마음을 얻으시고 삼위 하나님이 서로 누리시는 만족과 기쁨을 우리에게도 나누신다. 누가 이런 사실을 알고서도 단일 위격의 하나님이라는 분명하고 군살 없는 개념을 더 좋아하겠는가? 하나님을 벗겨 내어 군살 없게 만들어 놓으면 그만큼 하나님의 구원도 벗겨 내어 초라하게 만들어야 한다. 사랑과 기쁨과 교제로 넘쳐나는 삶 대신 희멀건 귀리죽 같은 종교만이 남을 것이다. 사랑이 많으신 아버지 대신 먼 곳에서 군림하는 통치자가 있을 뿐이다. 교제는 없고 그런 통치자와의 계약만 남는다. 사랑받으시는 성자 안에서 누리는 안전함도, 마음의 변화도, 성령께서 주시는 하나님 안에서의 즐거움도 없다.

성부, 성자, 성령은 결코 신학적인 잡동사니가 아니다. 성부, 성자, 성령이신 하나님의 존재는 그리스도인의 삶을 아름답게 만든다.

하늘의 권속

아름다움의 핵심 요소들 가운데 하나는 이 모든 관계가 참으로 친밀하고 가족적이라는 사실이다. 성부 하나님은 스스로를 기뻐하신다. 성부께서는 성자를 즐거워하시고 성자의 아버지로 계심을 기뻐하시되, 자신의 아버지 되심과 성자와의 교제를 자신이 창조할 자들과 나누기로 하실 정도로 기뻐하신다. 그렇기에 이 하나님은 창조하실 때 "자기 형상 곧 하나님의 형상대로 사람을 창조하시되 **남자와 여자**를 창조"하셨다(창 1:27). 하나님께서는 사랑 넘치는 가족의 관계 안에서 남자와 여자, 남편과 아내를 만드신다. 가족을 만드시고, 사람들을 만드시되 서로 교제를 누리도록 하신다. 성부, 성자, 성령께서 항상 서로 교제를 누리시는 것처럼 하나님의 형상인 우리 역시 교제를 누리기 위해 지음 받았다.

물론 우리는 교제를 소중히 여기지 않았고, 그것은 지금도 마찬가지다. 적어도 우리가 우리 마음대로 행하는 것을 소중히 여기는 것처럼 귀하게 여기지는 않는다. 창세기 3장에서 아담과 하와가 자기 사랑으로 인해 스스로를 향해 돌아섰을 때, 그들은 주 하나님으로부터 돌아섰을 뿐만 아니라 서로 외면하게 되었다. 하나님과의 관계가 무너진 것은 물론 서로 간의 관계 역시 무너졌다. 서로의 앞에서 벌거벗은 모습을 수치스러워하며 무화과나무 잎으로 자신을 가리고 비난을 던지기 시작했다. 그리고 얼마 지나지 않아 가인은 아벨을 살해하고 라멕은 앙갚음을 다짐하는 등 인간 가족은 무정함과 악독함으로 갈기갈기 찢어졌다.

그러나 가족 안에서 삼위일체 하나님의 즐거움은 여전히 살아 있다. 성부께서 성자를 보내신 것은 우리를 하나님과 화해시킬 뿐더러 우리도 서로 화해하여 세상을 삼위 하나님의 조화를 반영하는 조화의 장소로 만들기 위함이다. 바울은 성자가 오신 뜻을 이렇게 기술했다.

> 이 둘로 자기 안에서 한 새 사람을 지어 화평하게 하시고 또 십자가로
> 이 둘을 한 몸으로 하나님과 화목하게 하려 하심이라. 원수 된 것을 십
> 자가로 소멸하시고 또 오셔서 먼 데 있는 너희에게 평안을 전하시고 가
> 까운 데 있는 자들에게 평안을 전하셨으니 이는 그로 말미암아 우리 둘
> 이 한 성령 안에서 아버지께 나아감을 얻게 하려 하심이라(엡 2:15-18).

성령께서는 남자와 여자, 흑인과 백인, 유대인과 이방인 모두를 동일한 하나님의 연합시키는 사랑으로 돌이켜 진심 어린 사랑이 서로를 향해 흘러넘치도록 하신다. 그분께서는 우리를 성자와 연합시켜 모두가 하나님을 "아바 아버지"라 부르게 하시고 진실로 서로를 형제자매로 알아 가도록 만드신다. 성령으로 말미암아 새롭게 된 인류는 새로운 가족이다. 성부의 가족이 퍼져 가는 것이다.

"우리가 하나가 된 것 같이 그들도 하나가 되게 하려 함이니이다"라는 간구야말로 신자들을 위해 성부께 드리는 예수님의 대제사장적 기도의 핵심이다(요 17:22). 하나님이 단일 위격이라면 꿈도 꾸지 못할 간구다. 물론 단일 위격의 신이라면 하나 되는 것을 좋아할 것—어쨌든 그는 일자다—이다. 그러나 예수님이 생각하는 바는 그런 하나 됨과는 전혀 다르다.

단일위격의 신이 생각할 수 있는 하나 됨이란 **동일함**^{sameness}을 뜻한다. 곁에 아무도 없이 영원토록 홀로 있다면, 다른 존재들과 그들

이 가진 차이를 소중히 여길 이유가 없지 않은가? 알라의 경우를 생각해 보자. 한때는 달랐던 나이지리아와 페르시아와 인도네시아의 문화들이 알라의 영향 아래서 인위적으로 점점 **획일화**되어 간다. 이슬람은 개인, 국가, 문화를 위한 하나의 완벽한 길을 제시한다. 기도하고, 결혼하고, 매매하고, 싸우고, 관계하는 오직 한 가지 방식을 가지고 개인, 국가, 문화를 묶어 버린다. 심지어 어떤 사람들은 먹는 방식이나 옷 입는 방식조차도 한 가지뿐이라고 한다.

삼위일체 하나님에게 하나 됨이란 **일치**^{unity}를 뜻한다. 성부께서는 성자와 완전히 하나시지만 성자는 아니신 것처럼, 예수님은 신자들의 하나 됨을 위해 기도하시지만 획일화된 존재가 되기를 기도하시는 것은 아니다. 우리는 하나님의 형상을 따라 남자**와** 여자로 창조되었고, 우리 사이에도 많은 차이가 있지만, 우리 모두는 삼위일체 하나님이 우리를 각각 고유한 존재로 만드신 방식을 귀히 여긴다.

> 은사는 여러 가지나 성령은 같고……만일 온몸이 눈이면 듣는 곳은 어디며 온몸이 듣는 곳이면 냄새 맡는 곳은 어디냐. 그러나 이제 하나님이 그 원하시는 대로 지체를 각각 몸에 두셨으니 만일 다 한 지체뿐이면 몸은 어디냐. 이제 지체는 많으나 몸은 하나라(고전 12:4, 17-20).

성부, 성자, 성령께서는 우리를 단순히 자신들과의 교제로만 부르신 것이 아니다. 삼위 하나님의 천상의 조화를 이 땅에도 이루기 위해 부르셨다. 성별과 언어와 취미와 은사가 다른 사람들이 화평과 사랑으로 하나가 되고, 때가 되면 한 마음과 한 소리로 "구원하심이 보좌에 앉으신 우리 하나님과 어린 양에게 있도다" 하고 외치기 위함이다(계 7:10). 이렇게 하나님의 가족이 세상에 존재함으로 조화의 하나님이 바로 세상의 화평을 위한 **유일한**the 소망이심을, 곧 하나님이 원수들과 경쟁자들과 이방인들을 자신의 자애로운 돌보심 아래에서 사랑하는 한 가족으로 모으실 수 있고 또한 모으실 것임을 세상에 알린다.

나아가는, 그리고 밖으로 향하는

가족 구성원들끼리만 배타적으로 모이기를 즐기는 가족들이 있다. 그러나 하나님의 가족은 그렇지 않다. 외향적인 성부 곧 모든 생명과 사랑의 원천이신 분께서는 외향적인 가족들의 머리가 되신다. 성부의 생명과 존재는 그분의 사랑으로 자기 밖을 향하고 그 자녀들 역시 성부의 생명을 함께 나누어 갖는다.

부활 후 자신의 벗들에게 하신 예수님의 첫 말씀이 이 논의를 위한 좋은 시작점이라 할 수 있다. 최초의 부활절 저녁에 예수님은 제자들에게 오셔서 말씀하셨다. "예수께서 또 이르시되 '너희에게 평강이 있을지어다. 아버지께서 나를 보내신 것 같이 나도 너희를 보내노라.' 이 말씀을 하시고 그들을 향하사 숨을 내쉬며 이르시되 '성령을 받으라'"(요 20:21-22).

제자들은 이 말씀에 전혀 놀라지 않아야 했다. 예수님이 이미 제자들에게 자신이 부활할 것은 물론 "아버지께서 행하시는 그것을 아들도 그와 같이 행하느니라"라고 말씀하셨기 때문이다(요 5:19). 물론 성부께서 제일 처음 하신 일은 성자를 사랑하시고 성령을 부으시는 것이었다. 예수님은 바로 이렇게 성부를 따라 제자들에게 성령을 부어 주신다. 사실 예수님은 제자들에게 이미 이렇게 말씀하셨다. "아버지께서 나를 사랑하신 것 같이 나도 너희를 사랑하였으니"(요 15:9). 그러나 성부는 또한 성자를 보내신다. 그리고 성부께서 그렇게 아들을 보내신 것처럼 예수님 역시 자기 제자들을 보내신다. 그 아버지에 그 아들이다.

이는 선교에 대한 이해를 완전히 뒤바꿔 놓는다. 선교는 하나님이 하늘에서 한가로이 거니시면서 그저 우리에게 전화를 걸어 전도에 힘써서 더 많은 일꾼을 불러 모으라고 명하시는 것이 아니다. 만약 선교가 그런 것이라면 전도를 위해서는 스스로 동기부여가 **부단히** 이루어져야 할 것이다. 그리고 교회가 이와 같이 생각할 때, 항상 전도는 아드레날린이 넘치는 외판원이나 전문가에게 맡겨진다고 말할 수 있다. 그러나 실제는 전혀 다르다. 진실은 바로 하나님은 **이미** 선교하고 계시다는 것이다. 성부께서는 사랑으로 성자와 성령을 보내셨다. 이것이야말로 하나님의 본성에 걸맞는 일이다.

즉, 우리가 밖으로 나가 하나님의 크신 사랑에 대한 지식을 나누는 것 자체로 우리는 하나님이 누구신지에 대한 심오한 사실을 나타내고 있는 것이다. 예수님이 우리를 보내실 때에는 우리가 선교적이고 관대하며 외향적인 하나님 자신의 삶의 모양에 함께 참여하도록 하시는 것이다. 이 사실을 히브리서 기자는 이렇게 말한다. "그러므로 예수도 자기 피로써 백성을 거룩하게 하려고 성문 밖에서 고난을 받으셨느니라. **그런즉 우리도** 그의 치욕을 짊어지고 영문 밖으로 **그에게 나아가자**"(히 13:12-13). 다시 말해, 예수님은 바로 **저기**, 거절당하는 자리에서 발견된다. 그곳은 바로 죄인들을 자녀로 돌이키도록 성부께서 성자를 보내신 자리다. 그리스도인의 삶이란 예수님이 계신 자리에 있는 것이요, 보내심을 받은 방식에 참여하는 것이다.

그 동기가 무엇인가? 성부께서는 왜 성자를 보내셨는가? 바로 성부께서는 성자를 사랑하시기를 참으로 즐거워하셔서 그 사랑이 다른 사람들에게 있기를 바라셨기 때문이다. 요한복음 17:25-26을 보라. "의로우신 아버지여, 세상이 아버지를 알지 못하여도 나는 아버지를 알았사옵고 그들도 아버지께서 나를 보내신 줄 알았사옵나이다. 내가 아버지의 이름을 그들에게 알게 하였고 또 알게 하리니 이는 **나를 사랑하신 사랑이 그들 안에 있고 나도 그들 안에 있게 하려 함이니이다.**"

그렇다면 성자께서는 왜 오셨는가? 예수님은 그 이유를 말씀하신다. "오직 내가 아버지를 사랑하는 것과 아버지께서 명하신 대로 행하는 것을……"(요 14:31). 성부께서는 성자를 참으로 사랑하셨기 때문에(그리고 그 사랑이 나누어지고 향유되기를 원하셨기 때문에) 세상에 보내셨다. 성자 역시 성부를 참으로 사랑하셨기 때문에 세상으로 오셨다(오셔서 성부를 향한 자신의 사랑이 나누어지고 향유되기를 바라셨다). 이처럼 선교는 넘치는 사랑과 참을 수 없는 교제의 즐거움으로부터 온다.

이 교제는 성부, 성자와의 교제이자 우리 서로 간의 교제다. 성령께서는 우리가 성부와 성자의 기쁨을 나누도록 하시고, 성부와 성자 안에서의 즐거움은 우리가 그분들을 알리려는 열망에 불을 지핀다. 성령으로 말미암은 교제의 즐거움과 성부와 성자를 향한 커져 가는 사랑은 우리로 하여금 세상을 향해 삼위일체 하나님의 외향적인 사랑을 나누도록 만든다. 이렇게 우리는 우리가 예배하는 존재를 닮아 간다.

청교도였던 리처드 십스는 언젠가 세상을 향해 하나님을 찬양하는 그리스도인의 노래는 새가 지저귀는 것과 같다고 말했다. 그가 말하길, 새들은 해가 떠오르고 온기가 새들을 따뜻하게 할 때 가장 크게 지저귀는 것처럼, 그리스도인 역시 세상의 빛the Light으로, 그리스도 안에 있는 하나님의 사랑으로 따뜻해질 때 가장 크게 노래를 부른다.

봄날에 겨우내 움츠러든 생물들의 영혼에 이른 봄 햇살이 비치고, 새들은 봄날의 온기를 노래한다. 마찬가지로 그리스도 안에 있는 하나님의 달콤한 사랑은 사람의 영혼에 비치고, 사람을 충만한 기쁨과 감사로 넘치게 한다. 그에게는 기쁨이 샘솟고, 평생토록 감사와 기쁨이 넘치는 삶을 살아간다.[19]

십스가 옳았다. 사람은 "마음에 가득한 것을 입으로 말하기" 때문이다 (마 12:34). 그리스도를 즐거워하지 않는다면 그리스도를 말할 리가 없다. 설령 그리스도를 말한다 할지라도 사랑과 기쁨이 없이 말할 것이다. 내 입은 내 마음에 있는 것을 누설하고, 사람들은 전혀 반갑지 않은 그리스도를 듣게 될 것이다. 누가 그런 그리스도를 바라겠는가?

물론 성령께서는 이런 사랑 없는 전도조차 사용하실 수 있다. 그러나 성령의 진짜 사역은 우리를 하나님의 사랑의 햇살 아래로 데려가서 그 온기를 간직하도록 하시는 일이다. 바로 거기서 우리는 전심으로 노래를 부른다. 그렇게 그리스도 안에 거할 때에야 우리는 열매를 맺을 수 있다. 성령께서는 성부와 성자께서 서로 누리시는 즐거움으로 하나님의 자녀들을 이끌어 들이셔서 삼위일체 하나님의 삶을 우리와 나누신다. 그리고 이 삶에 참여함으로써 우리는 우리 하나님을 닮아 간다. 많은 열매를 맺고 생명을 주는 삶을 살아간다.

5

여호와여, 신 중에 주와 같은 자 누구니이까

주여, 신들 중에 주와 같은 자 없사오며 주의 행하심과 같은 일도 없나이다.

시편 86편 8절

무신론자들의 하나님

지난 200여 년 동안 서양에서 무신론은 늘 자신감과 활기를 갖고 거침없이 진격해 왔다. 무신론의 외침은 거리의 사람들에게 하나님도 종교도 없이 살도록 격려했을 뿐만 아니라, 새롭게 나타나 극단적인 공격성을 보이는 "반反유신론자"들도 여기에 크게 고무되었다. 과거에 최전선에서 했던 하나님은 없다는 주장을 훌쩍 뛰어넘어 이제는 하나님이 존재한다면 분명 나쁜 존재일 거라는 데까지 나아가게 되었다. 하나님을 믿는다는 것은 더 이상 아이를 위한 안락한 이불이 아니라 아이를 괴롭히는 악몽과 같다.

왜 그런가? 많은 사람들에게 매력적으로 들리는 의미심장한 논의가 있다. 『신은 위대하지 않다』God Is Not Great 의 저자이자 호전적인 "신무신론"New Atheism 의 네 명의 기수 가운데 하나인 크리스토퍼 히친스Christopher Hitchens는 이렇게 말한다(신무신론의 네 기수는 리처드 도킨스, 샘 해리스, 대니얼 데닛, 크리스토퍼 히친스를 가리킨다—편집자).

그것이 사실이라면 정말 끔찍할 것이다. 만약 영원히 그리고 완전히

24시간 내내 감시하는 신성한 감시자이자 당신의 일거수일투족을 감독하는 존재가 있었다면 당신의 시간이란 전혀 없었을 것이다. 당신이 뱃속에서 잉태되는 순간부터 죽는 순간까지 어떤 천상의 존재에게 관찰되고 통제되고 감시당했다면……마치 북한에 사는 것 같았을 것이다.[1]

히친스에게 하나님은 지배자다. 정의상 하늘에 있는 스탈린이자 빅브라더(조지 오웰의 소설 『1984』에 나오는 감시자이자 독재자—편집자)일 수밖에 없다. 어떤 바른 정신을 가진 사람이 그런 존재가 있기를 바라겠는가? 다시 말해, 이 반유신론자가 문제로 삼는 것은 하나님의 **존재**보다는 하나님의 **성격**이다. 히친스가 하나님의 존재에 반대하여 글을 쓰고 싸우는 것도 자신이 생각하는 그런 하나님을 혐오하기 때문이다. 그런 하나님은 위대하지 않다.

　　그러나 삼위일체 하나님은 그런 하나님이 아니시다. 히친스의 머릿속에 있는 하나님은 근본적으로 "감시와 감독"으로 규정되는 지배자다. 하지만 하나님이 **본질적으로** 가장 온화하고 자애로운 아버지이며, 그런 아버지로서 자신의 역할을 수행하는 분이라면 그림은 완전히 달라진다. 이런 경우라면, 하나님의 지붕 아래에서 사는 것은 북한에서 사는 게 아니라 오히려 히친스 자신이 바라던 돌보시는 하나님의 가정 안에서 사는 것이다.

　　교회가 삼위일체 교리에서 후퇴하면서 동시에 무신론이 진전했다고 하면 지나친 억측일까? 19세기에 마르크스Karl Marx는 종교를 "민중의 아편"으로 일축했고, 니체Friedrich Nietzsche는 "신은 죽었다"고 선언

프리드리히 슐라이어마허 비록 그가 의도한 것은 아닐지라도, 슐라이어마허가 삼위일체를 약화시킴으로써 결과적으로 교회는 참 하나님을 상실하게 되었다.

했다. 또한 19세기는 아마도 당대의 가장 저명했을 신학자(프리드리히 슐라이어마허Friedrich Schleiermacher)가 삼위일체 교리를 기독교 신앙의 부록으로 만들어 버리면서 시작되고, 그의 가장 위대한 후계자(아돌프 폰 하르낙Adolf von Harnack)가 삼위일체 교리를 철학적 부패물 정도로 일축해 버린 가운데 저물어 갔다. 물론 이 신학자들이 무신론자들에게 양식을 준 것은 아니었지만 당시 교회를 무장 해제시키고 말았고, 무신론자들은 별다른 저항도 만나지 않고 몰려들어왔다. 하나님이 아버지가 아니라면, 아들도 없고 자녀들도 없다면, 다가갈 수 없는 저 멀리에 외로이 존재할 수밖에 없다. 또한 하나님이 삼위일체가 아니고 따라서 본질적으로 자애로운 분이 아니라면 그런 하나님이 더 낫게 보일 리 만무하다.

　무신론자들만 이렇게 주장한 것이 아니다. 대중들이 다양한 대체 영성—뉴에이지와 신이교주의로부터 마술 숭배와 예전부터 전해 오는 순전한 미신에 이르기까지—을 추구하는 것은 대개 인격적인 하나님 개념을 싫어하는 것과 관련이 있다. 이런 존재는 기껏해야 끔찍할 정도로 따분한 존재이든지 최악의 경우 아주 어두운 것이지 않겠는가? 비그리스도인 학생들과 계속해서 이야기하다 보면, 이 학생들이 자신이 믿지 않는 하나님을 묘사할 때 그 하나님은 사랑이 많으신 예수 그리스도의 아버지가 아니라 사탄에 더 가까운 것으로 들린다. 탐욕스럽고, 이기적이고, 호전적이고, 전혀 사랑이 없는 존재 말이다. 하나님이 성부, 성자, 성령이 아니라면 저들의 이야기가 맞지 않겠는가?

이스라엘의 하나님

그러나 성경의 하나님은 저들이 생각하고 추구하는 신과는 근본적으로 차원이 다르다! 궁핍하지도, 고독하지도, 이기적이지도 않다. 하나님은 존재의 중심에서부터 풍성하시고 사랑이 많으시며 자기를 나누어 주시는 분이다. 칼 바르트는 이렇게 썼다.

> 하나님의 삼위일체는 하나님의 아름다우심의 비밀이다. 이 사실을 부인하면 그 즉시 우리가 믿는 하나님은 광채도 없고 즐거움도 모르는 (그리고 유머도 없는!) 신, 다시 말해 아름답지 않은 신으로 전락하고 만다. 진정한 신성의 능력과 존엄을 상실하는 것은 물론 아름다움도 사라진다. 그러나 우리가 이 사실을 붙잡고 있으면……즉 한분 하나님이

성부, 성자, 성령이라면 일반적으로든 세부적으로든 다른 무엇보다도 하나님은 역시 아름답다는 생각을 벗어날 수 없다.[2]

만약 하나님이 성부, 성자, 성령이 아니라면 그런 하나님은 거부당하는 것이 마땅하다. 사랑도 없고 광채나 아름다움도 없기 때문이다. 누가 그런 하나님이 어떤 힘을 갖거나 심지어 존재하기를 바라겠는가? 그러나 성경이 말하는 삼위일체 하나님, 살아 계신 하나님은 아름다우시다. 이런 하나님이야말로 우리가 참으로 바라는 하나님이요, 이런 하나님의 주권이야말로 우리가 온 마음으로 기뻐할 수 있다.

몇 년 전 안타깝게 숨을 거둔, 런던 킹스 칼리지의 기독교 교의학 교수를 지낸 콜린 건튼^{Colin Gunton}은 삼위일체가 만들어 내는 핵심적인 차이들 가운데 하나를 이렇게 요약했다. "우리가 맞닥뜨린 하나님의 속성(하나님의 성품) 가운데 가장 탁월한 것은 하나님의 긍휼이다. 이는 신성에 대한 자연적인 진술 가운데 있는 속성의 목록에서는 찾아보기 어렵다.……긍휼이란 타자를 향한 사랑이 그 존재의 중심인 하나님이 타락한 시간과 역사 가운데서 움직이며 일하시는 것이다."[3] 다시 말해, 하나님이 인격적인 존재가 아니라면 하나님은 결코 자비로울 수 없다(단지 사물이라면 긍휼을 보이지 않는다). 그러나 인격적인 존재라 할지라도 **단일** 위격이라면 그 존재의 중심에 타자를 향한 사랑이 자리할 수 없다. 누구도 영원토록 그 존재를 사랑할 수 없기 때문이다. 그러므로 본유적으로 긍휼을 베풀기를 바라는 하나님은 성령 안에서 영원토록 그분의 아들 성자를 사랑하시는 성부

뿐이다. 오직 이런 하나님이라야 사랑이나 긍휼과 같이 마음을 끄는 성품이 그 중심에 자리한다.

그렇다면 그리스도인들이 자신이 믿는 하나님을 분명하고 구체적으로 믿는다는 것은 매우 중요하다. 그저 "하나님"을 믿는다는 말을 듣는 것이 아니라 바로 **이런** 하나님을 믿는다는 말을 들어야 한다. 이는 특별히 지금과 같은 시대에 반드시 필요하다. 단순히 불신자들 때문만은 아니다. 존 칼빈은 죄악된 인간의 마음은 "끝도 없이 우상을 만들어 내는 공장"이라고 했다.[4] 하나님의 본성을 왜곡하여 빛들의 아버지를 항상 그보다 못한 분으로 전락시키는 마귀적인 일들이 우리 마음에서 계속된다는 말이다. 사실 우리 안에 있는 이런 성향은 모든 영적 냉담함이 비롯되는 원천이다. 그래서 하나님을 하늘에 있는 스탈린이라고 생각한다면 그런 하나님으로부터 도망치는 것은 당연한 일이다.

여기에 우리의 진정한 도전이 있다. 성부, 성자, 성령 이면에 혹은 이전에 어떤 "하나님"이 있기라도 한 것처럼 "일반적인 하나님"에 대해서 이야기하기는 쉽다. 이런 "하나님 이야기"는 얼마든지 할 수 있다. 심지어 하나님의 불변성, 영광, 주권 등에 대해서 이야기할 수 있다. 그러면서도 **여전히** 자신이 그렇게 말하고 있는 하나님에 대해 불분명할 수 있다. 단일 위격의 하나님도 영광스럽고 불변하고 능력 있는 신으로 묘사될 수 있다. 그러나 이런 성품이 단일 위격의 하나님에게서 드러난다면 소름끼칠 것이다. 하나님의 무정함이 영원하단 말인가? 그는 무엇을 위해 자신의 무서운 능력을 사용할 것인가?

그리고 **그의** 영광은 정확히 무엇을 의미하는가?

그러나 삼위일체로 계시는 하나님으로 인해 우리가 하나님에 대해 사용하는 모든 말의 느낌과 의미가 달라진다. 예를 들어, 하나님의 영광은 다른 어떤 신의 영광과도 전혀 다르다. 하나님의 능력과 의로우심은 더없이 독특하다. 사실 우리가 하나님의 성품—이를테면 하나님의 위엄—에 대해서 말하면서 지금 자신이 성부, 성자, 성령 하나님의 위엄에 대해 말하고 있다는 것을 분명히 안다면 하나님의 위엄은 다른 어떤 방식으로 볼 때보다 더욱 아름답고 무한한 것으로 드러난다. 물론, 지금 우리는 우상들이 가진 위엄과 살아 계신 하나님의 위엄을 구분하고 있다.

기왕 말이 나온 김에 하나님의 위엄을 예를 들어 말해 보자. 아리스토텔레스가 말한 "부동의 동자"Unmoved Mover 가 하나님이라면, 그 하나님이 가진 위엄은 전적으로 그리고 오직 무엇을 금하는 데 있을 뿐이다. 아리스토텔레스는 신의 위엄이 가진 완전성이란 모든 것을 신의 사유 아래에 두는 것이라 믿었다. 하지만 스스로 숙고할 만한 완전한 위엄을 가진 신이 다른 것들을 생각할 이유가 어디 있단 말인가? 그의 위엄은 우리가 그에게 의탁하는 게 실제로 그와는 상관없다는 것을 의미할 것이다.

그러나 만약 하나님이 **외향적인** 하나님, 본질적으로 "타자를 향한 사랑이 그 존재의 중심"인 생명을 주시는 아버지라면, 그분의 위엄 역시 분명 외향적이다. 이것이 바로 우리가 성경에서 보는 하나님이다. 하나님이 나아가 행하실 때, 또한 자기 백성을 구원하시고 이 땅에서 악을 훼파하실 때 그분의 위엄이 드러난다. 하나님의 위엄은 사랑하시는 위엄이다. 시편 113편에 나오는 상반되는 이미지를 생각해 보자. "여호와 우리 하나님과 같은 이가 누구리요. 높은 곳에 앉으셨으나 스스로 낮추사 천지를 살피시고 가난한 자를 먼지 더미에서 일으키시며 궁핍한 자를 거름 더미에서 들어 세워"(시 113:5-7). 칼리드 아나톨리오스^{Khaled Anatolios}는 말한다. "온통 자기 자신에 대한 생각으로 골몰하기보다는 낮은 자를 불쌍히 여기는 마음이 바로 히브리 성경이 말하는 하나님의 위엄이 갖는 참된 특징이다."[5] 이렇게 긍휼을 나타내는 것이야말로 성자를 향한 성부의 사랑 안에서 그분의 영원하신 위엄이 일하는 것이다.

　이번 장의 나머지 부분을 통해서는 어떻게 하나님의 삼위일체가 우리가 하나님에 대해 사용하는 말들을 형성하는지를 보려고 한다. 다시 말해, 하나님의 삼위일체가 우리가 하나님에 대해 생각하는 데 어떤 차이를 만드는지를 알아보려고 한다. 이를 위해 특별히 조나단 에드워즈를 많이 참고하게 될 것이다. 다른 많은 부분에서도 그렇지만, 에드워즈는 특별히 이 부분에서 불가사의할 정도로 통찰력 있고 명확하며 도움이 된다. 지금 우리는 하나님을 묘사하기 위해 수많은 말들을 사용하고 있는데, 그것들을 다 살피면서 이 책을 두툼하게 만들 생각은 없다. 그래서 세 가지 핵심적인 영역들만 맛보기로 살펴보려고 한다. 바로 하나님의 거룩, 하나님의 진노, 하나님의 영광이다. 어떻게 삼위일체가 이 영역들을 정의하고 빛을 비춰 주는가?

최고의 아름다움

먼저, 하나님의 거룩하심이다. 이 소리를 듣고 "이런!" 하고 한숨을 내쉴지도 모르겠다. 이해 못하는 바는 아니다. 삼위일체에 대한 이해 없이 거룩을 생각하면, 나프탈렌 냄새나 피마자기름을 바른 빅토리아풍의 점잖고 나이 지긋한 부인의 모습이 떠오를 것이기 때문이다. 대개 거룩이라는 것을 아주 날카롭고 고상한 체하는 분위기를 풍기는 것이라 생각한다. 심지어 사람들은 "그래요, 하나님은 사랑이 많으세요. 하지만 거룩**하기도** 하시죠"라는 식으로 말한다. 마치 거룩이 사랑과 상반되는 것, 하나님이 너무 사랑에만 치우치지 못하도록 하는 하나님의 차가운 면이라도 되는 것처럼 말이다.

정말 터무니없다! 허튼소리다! 적어도 성부, 성자, 성령의 거룩하심에 대해 말하고자 한다면, 이건 아니다. 조나단 에드워즈는 이렇게 말한다.

거룩은 가장 아름답고 사랑스러운 것이다. 사람들은 어려서부터 거룩에 대한 이상한 개념을 너무나 쉽게 받아들인다. 마치 거룩이 우울하고, 시무룩하고, 까다롭고, 재미없는 것이라도 되는 것처럼 말이다. 그러나 거룩은 이와는 아무런 상관도 없을 뿐 아니라 오히려 달콤하고 이루 말할 수 없이 사랑스러운 것이다. 거룩은 모든 다른 아름다움보다 훨씬 높이 있는 최고의 아름다움이자 사랑스러움이다. 신성한 아름다움이다.[6]

그렇다면 거룩이란 무엇인가? 성경에서 쓰이는 거룩이라는 말에는 기본적으로 "구별하다"라는 의미가 있다. 그러나 바로 거기서 문제가 시작되는데, 본성적으로 우리는 자신이 사랑스러운 존재라고 생각하기 때문이다. 그래서 하나님이 나와 "구별된다"고 하면 하나님에게 문제가 있다고 생각한다(가장 미묘하고도 무의식적인 방식으로 그렇게 한다). 하나님의 거룩하심이 나의 행복과 풍부한 사랑스러움을 까다로운 태도로 거부하는 것처럼 보인다.

내가 나에 대한 환상을 깨고 있는가? 그래야 한다. 실제로 나는 어두움과 더러움으로 가득한 무정하고 이기적이며 아주 악한 존재이기 때문이다. 그리고 나와 같지 **않다**는 점에서 정확히 하나님은 거룩하시다. 즉, 나와 '구별'되신다. 하나님이 깐깐하셔서 우리와 구별되는 것이 아니라, 하나님에게는 우리에게 있는 이런 악한 특성이 전혀 없다는 점에서 그렇다. 에드워즈는 말한다. "하나님은 하나님이시며, **무엇보다 그분에게 있는 신성의 아름다움으로 말미암아** 다른 모든 존재보다 훨씬 존귀하시고 전적으로 그것들과 구별되신다"(거룩과 아름다움의 연결에 대해서는 시편 96:9을 보라).[7]

그러나 만약 하나님이 단일 위격이라면 이야기가 달라진다. 그런 하나님의 거룩은 **다른 존재에게서 떠남으로** 구별되어 존재할 것이다. 다른 말로 하면, 그가 가진 거룩은 멀리 떨어져서 존재하는 것이 전부일 것이라는 말이다. 그러나 성부, 성자, 성령 하나님의 거룩하심은 전적으로 사랑에 관한 것이다. 하나님이 어떤 분이신지를 볼 때 이는 틀림없는 사실이다. 에드워즈는 또 이렇게 말한다. "하나님의

천둥의 신 토르 하나님은 이러한 단일 위격의 신이 아니라 서로 사랑하시는 삼위일체 하나님이다. 이러한 하나님의 거룩하심은 신자의 거룩에 결정적인 영향을 미친다. 삼위 하나님이 서로 사랑하시기에 우리도 사랑하는 존재가 된다.

거룩하심과 행복은 바로 이 사랑으로 이루어진다. 우리가 이미 증명한 대로, 피조물에게 있는 모든 거룩함은 간단히 말해 본질적으로 하나님을 향한 사랑과 다른 피조물을 향한 사랑으로 이루어진다. **마찬가지로 하나님의 거룩하심 역시 하나님의 사랑, 특별히 성부와 성자 사이에 자리한 완전하고도 친밀한 연합과 사랑으로 이루어진다.**[8]

삼위일체 하나님의 거룩하심은 성부와 성자 사이의 사랑이 가진 완전함, 아름다움, 절대적 순전함이다. 이 하나님의 사랑에는 더럽거나 남용하는 것이 없다. 이처럼 하나님은 거룩하시다. 내가 가진 사랑은 본질적으로 모두 뒤틀리고 그릇된 방향으로 간다. 그러나 하나님의 사랑은 그 완전함에 있어서 나의 사랑과 구별된다. 그러므로 삼위일체 하나님의 거룩하심은 그의 사랑을 조절하거나 완화시키지 않는다. 하나님의 거룩하심은 넘쳐흐르는 하나님의 사랑이 가진 광명함이자 순결함이다.

하나님의 이런 거룩하심은 신자가 거룩하고 경건하게 된다는 것이 무슨 의미인지에 대해 결정적인 영향을 미친다. 다시 말해, 하나님을 닮는다는 것이 어떤 의미인지에 대해 영향을 미친다. 만일 삼위일체 하나님이 아닌 다른 신을 닮는다면 이와는 전혀 다른 모습으로 보일 것이다. 신이 자기 자신을 향하여 굽는 존재라면 그 신을 닮는 나 역시 그처럼 나를 향해 굽을 수밖에 없다. 아리스토텔레스의 영원토록 자기를 성찰하는 신이 하나님이라면 지나칠 정도로 자기를 의식하는 행위가 바로 경건이 될 것이다. 우리가 하나님을 어떻게 이해하는지가 우리의 경건을 형성한다. 또한 우리가 경건을 어떻게 생각하는지를 보면 하나님을 어떻게 생각하는지 드러난다. 예를 들어 사랑과 관계가 하나님의 존재의 중심이 아니라면 어떻게 될까? 그렇다면 내가 하나님을 닮기로 추구하더라도 사랑과 관계가 나의 특색이 되지는 못할 것이다. 다른 사람을 잊어버리는 것이다. 하나님이 전적으로 홀로 있고 고독하다면 우리도 은자처럼 살게 된다. 하나님이 잔인하고 오만하다면 우리도 잔인하고 오만해진다. 하나님이 바이킹과 같이 성욕에 탐닉하고 술에 찌들어 사는 전쟁광이라면 우리도 그와 같이 된다(제발 그렇게 되지 않기를 바라지만).

그러나 삼위일체 하나님과 함께라면 "주 너의 하나님을 사랑하라"와 "네 이웃을 네 몸과 같이 사랑하라"가 가장 큰 두 계명이라는 사실은 전혀 새삼스럽지 않다. 이 두 계명을 지키는 것이 바로 하나님을 닮아가는 것, 곧 성부와 성자께서 서로 간에 누리시는 사랑에 참여하고 그분들처럼 이 사랑이 세상으로 흘러가도록 하는 것이기 때문이다. 또는, 예를 들어 레위기 19장의 여호와께서 "너희는 거룩하라. 나 여호와 너희 하나님이 거룩함이니라"라고 말씀하시는 유명한 구절을 보자(레 19:2). 여기서 말하는 거룩함이 무엇을 뜻하는가? 우상들에게로 돌아서지 않고 합당한 화목제와 더불어 하나님께로 나아가는 것이다(레 19:4-8). 여호와 하나님과 교제를 누리는 것이다. 또한 이는 가난한 자들을 멸시하지 않고 거짓말하지 않으며 도둑질하지 않는 것 등을 의미한다(레 19:10-16). 즉, "형제를 마음으로 미워하지 말며……이웃 사랑하기를 네 몸과 같이" 하는 것이다(레 19:17-18). 하나님을 향한 사랑과 이웃을 향한 사랑이야말로 거룩의 중심이요 삼위일체 하나님의 백성들이 그분을 닮아 가는 길이다.

이런 하나님에게 있는 아름답고도 사랑 넘치는 거룩하심은 참된 경건을 따스하고 매력적이며 즐거운 것으로 만든다. 경건해진다는 것은 갈수록 고약하고 인색하게 되어 가는 것이 아니다. 하나님은 결코 그런 분이 아니시기 때문이다. 에드워즈는 하나님에게 거룩함은 "말하자면 하나님의 신적 본성이 가진 아름다움과 감미로움"이고 따라서 "의의 태양빛을 반사하며 빛나는 그리스도인들은 그 태양빛과 동일한 빛, 온화하고도 감미로우며 유쾌한 빛을 비춘다"고 했다.[9] 또한 가장 본질적으로, 사랑이신 하나님을 알고 즐거워하는 것은 그분처럼 사랑하는 존재가 되어 가는 것이다. "사랑하는 자들아, 우리가 서로 사랑하자. 사랑은 하나님께 속한 것이니 사랑하는 자마다 하나님으로부터 나서 하나님을 알고 사랑하지 아니하는 자는 하나님을 알지 못하나니 이는 하나님은 사랑이심이라"(요일 4:7-8).

사랑이 악을 대면할 때

하나님의 거룩하심을 거북하게 느낀다면, 그분의 진노하심은 끔찍하게만 보일 것이다. 하나님이 삼위일체가 아니라면 그럴 수밖에 없다. 하나님이 뭐든지 자기 멋대로 해야 하고 그렇지 않으면 길길이 날뛰는 학교의 덩치 큰 불량학생과 같다면 하나님의 진노하심은 혐오스럽기 그지없을 것이다. 그렇게 성나서 벌개진 눈을 보면 다른 모든 선한 성품들이 무색해질 것이다. 그것이 바로 하나님의 진노에 대해 흔히 떠올리는 생각이다. 신약학자 스티븐 무어Stephen Moore는 로마서 1:18("하나님의 진노가 불의로 진리를 막는 사람들의 모든 경건하지 않음과 불의에 대하여 하늘로부터 나타나나니")에 주석을 달면서 "마치 사나운 곰들이 무지막지한 힘으로 형틀에 매인 죄인의 뼈를 으스러뜨릴 때 나는 소리를 듣는 것 같다"고 썼다.[10]

하지만, 분명히 다시 말하건대 다른 신들과 관련해서는 이런 생각을 할 수 있더라도 성부, 성자, 성령과 관련해서는 전혀 그럴 수 없다. 삼위일체 하나님은 마치 어떤 때는 사랑하시고 또 어떤 때는 진노하시는 분도 아니고, 마치 다른 기분을 가진 분인 양 한번은 느꼈다가 다른 한번은 무감한 그런 분도 아니다. 성부께서는 영원 전부터 성자를 사랑해 오셨고 단 한 번도 진노하신 적이 없었다. 왜 그런가? 화를 내실 일이 없었기 때문이다. 창세기 3장에서 아담이 죄를 짓기 전까지는 말이다. 창세기 3장부터 계속해서 드러나는 악에 대한 하나님의 진노하심은 **새로운** 것으로, 사랑이신 하나님이 악에 대해 보이시는 반응이다.

그렇다면 하나님의 진노하심은 하나님의 거룩하심과 마찬가지로 하나님의 사랑 옆에 어색하게 자리하고 있는 것이 아니다. 하나님의 사랑과 상관없는 것도 아니다. 하나님은 사랑하시기 **때문에** 악에 대해 진노하신다. 이사야는 하나님이 진노를 쏟아 부으시는 것을 "**비상한 일**"과 "**기이한 일**"이라 말한다(사 28:21). 하나님이 본성적으로 진노하시는 분이 아니라 악이 하나님의 진노를 촉발하기 때문이다. 순전한 사랑 가운데 계시는 하나님은 악을 차마 보지 못하신다. 나는 아버지로서 하나님의 이런 모습을 제대로 느낀다. 내 딸들이 고통을 겪고 있는데 내가 손가락만 만지작거리면서 하품이나 늘어지게 하고 있다면, 나는 내 딸들을 정말로 사랑하지 않는 게 분명할 것이다. 그러나 확실히 나는 내 딸들을 정말 사랑하기 때문에 그들에게 안 좋은 일이 닥치는 것은 생각조차 하기가 싫다. 하물며 그 속에 전혀 어둠이 없는 빛들의 아버지이신 하나님은 어떠하시겠는가? 사랑은 마음 써서 돌보는 것이고, 이는 사랑이 자녀들에게 닥친 악에 대해 무관심할 수 없다는 의미다. "**사랑**에는 거짓이 없나니 악을 **미워하고 선에 속하라**"(롬 12:9). 오직 이런 사랑만이 진실한 사랑이다.

크로아티아의 신학자 미로슬라브 볼프[Miroslav Volf]는 하나님의 진노의 선하심을 제대로 인식하면서, 그를 둘러싼 민족 전쟁의 참상을 어떻게 받아들이게 되었는지 서술한다.

나는 진노는 하나님과 어울리지 않는 것이라고 생각하곤 했다. 하나님은 사랑이시지 않은가? 신적인 사랑은 마땅히 진노를 넘어서지 않는가? 하나님은 사랑이시고, 모든 사람과 모든 피조물을 사랑하신다. 하나님이 그들 가운데 일부에게 진노하시는 것은 그 때문이다. 내가 최근에 하나님께서 진노하신다는 생각을 고쳐먹은 것은, 나의 고국 유고슬라비아에서 발발한 전쟁의 참상을 겪은 뒤였다. 줄잡아 20만 명이 학살당하고 300만 명 이상이 추방되었다. 내가 살던 마을과 도시들이 파괴되었고, 나의 동족들이 날이면 날마다 폭격을 받았으며, 그들 가운데 일부는 상상을 초월할 정도의 잔학한 폭행을 당했다. 그래서 나는 진노하지 않는 하나님을 상상할 수 없었다. 아니면 지난 세기 마지막 십 년 사이에 발발한 르완다 내전을 생각해 보라. 백 일 동안 80만 명의 사람들이 도륙당했다! 하나님은 그러한 대량학살을 보시고 어떻게 반응하셨는가? 맹목적으로 사랑하는 할아버지처럼 가해자들을 귀여워하는 식의 반응을 보이셨는가? 대학살을 단죄하지 않고 가해자들의 근본적인 선함을 인정하는 식의 반응을 보이셨는가? 그들에게 맹렬히 진노하시지 않았겠는가? 나는 하나님께서 진노하신다는 생각을 당치 않은 것으로 여기곤 했지만, 이 세상의 악을 보고도 진노하지 않으시는 하나님에게는 반항하지 않을 수 없을 것이라 생각하게 되었다. 하나님은 사랑임에도 불구하고 진노하시는 분이 아니다. 하나님은 사랑이시기 **때문에** 진노하신다.[11]

하나님이 삼위일체가 아니고, 따라서 영원토록 사랑하시는 분이 아

"빛이 있으라!" 하나님은 빛이 어둠을 몰아내는 것처럼 마침내 모든 악을 멸하실 것을 사랑으로 약속하신다.

니라면, 하나님의 진노는 하나님을 화가 나서 발을 동동 구르는 볼썽사나운 어린 아이나 닥치는 대로 싸움을 거는 깡패, 무자비한 술탄처럼 만들어 버릴 것이다. 호르몬이 넘치는 고대 그리스와 로마의 신들을 생각해 보라. 그러나 영원토록 사랑이신 하나님에게, 그분의 진노는 바로 그분의 사랑**으로부터** 나온다. 그래서 그분의 진노는 거룩하며 우리들이 부리는 신경질과는 구별된다. 하나님의 진노는 그분의 영원한 사랑 안에서 악에 대해 보이시는 반응이다. 성부께서는 성자를 사랑하시기에 죄를 미워하시고, 이는 궁극적으로 죄를 담당한 성자를 거부하시기에 이른다. 하나님은 자녀들을 사랑하시기에 자녀들이 압제당하는 것을 싫어하신다. 하나님은 자신이 창조하신 세상을 사랑하시기에 세상에 들어찬 모든 악을 미워하신다. 그래서 하나님은 이 사랑으로 자기 백성 안에 있는 죄를 근절하시되, 심지어 그들을 징계하시면서 죄의 포로 된 상태에서 자유하게 하신다. 하나님은 사랑으로 우리에게 인내하신다. 그리고 빛이 어둠을 몰아내는 것처럼, 마침내 모든 악을 멸하실 것을 사랑으로 약속하신다.

삼위일체 하나님의 진노는 하나님의 돌변하는 성격이나 형편없는 면을 말하는 것이 아니다. 오히려 정반대. 하나님 사랑의 성실하심, 곧 그분께서 **진실로 돌보신다**는 것을 증거한다. 하나님의 사랑은 마냥 부드럽거나 유약한 태도와는 다르다. 하나님의 사랑은 가공할 만하며, 강력하고도 헌신적이다. 그리고 바로 여기에 우리의 소망이 있다. 살아 계신 하나님은 진노를 통해 자신이 참으로 사랑하심을 나타내신다. 그분께서는 진노를 통해 모든 악한 것들을 멸하셔서 우리가 정화된 세상과 의의 집에서 하나님을 즐거워하도록 하실 것이다.

시온에서 비치는 하나님의 완전한 아름다움

그럼에도 하나님은 진실로 사랑으로 역사하시는가? 지금까지 여러 가지를 살펴보았는데도 이제 와서 이런 질문을 하는 게 생뚱맞을지 모른다. 하나님은 사랑이시고 독생자를 보내셔서 자기 사랑을 나타내셨다. 하나님은 성자를 향한 자신의 사랑을 나누기를 바라신다. 그렇다면 문제될 것이 무엇이겠는가? 그러나 신발 속의 작은 자갈처럼 신경 쓰이는 구절들이 있다. 예를 들어, 바울은 성부께서 "그리스도 안에서 하늘에 속한 모든 신령한 복을 우리에게 주시되……**이는 우리가 그리스도 안에서 전부터 바라던 그의 영광의 찬송이 되게 하려 하**

심이라"고 말한다(엡 1:3-12). 그렇다면 하나님에게 더 깊은 동기, 어쩌면 이기적인 동기가 있다는 말인가? 사랑이 아니라 갈채를 받고자 하는 열망이 그 동기란 말인가?

이는 모두 "하나님의 영광"이 뜻하는 것이 무엇을 의미하는가에 달려 있다. 구약에서 "영광"은 "무거움" 또는 "무게"와 관련이 있는 말이다. 예를 들어 사무엘상 4:18은 "엘리가 자기 의자에서 뒤로 넘어져 문 곁에서 목이 부러져 죽었으니 나이가 많고 **비대한** 까닭이라"라고 한다. 여기서 어떤 것의 영광은 그것의 전체, 규모, 가치 곧 그것을 이루는 것이자 전부를 말한다. 정말 그것이 **그것 되도록** 하는 것이다. 어쩌면 엘리의 영광은 그의 배였을 것이다. 다른 누군가의 영광은 그의 두뇌나 직업 또는 외모일 것이다. 그들이 이런 것들을 가장 귀하게 여긴다면 말이다. 돈을 위해 사는 사람의 영광은 돈이다. "사람이 치부하여 그의 집의 **영광**이 더할 때에 너는 두려워하지 말지어다. 그가 죽으매 가져가는 것이 없고 그의 **영광**이 그를 따라 내려가지 못함이로다"(시 49:16-17). 이 구절이 주는 가르침은 시편 기자가 그렇게 한 것처럼 이런 영광 대신에 죽음도 넘어서는 영광을 취하라는 말이다. "그러나 하나님은 나를 영접하시리니 이러므로 내 영혼을 스올의 권세에서 건져내시리로다"(시 49:15).

하나님을 "영화롭게 한다"는 말은 하나님의 영광을 부풀리거나 개선하거나 넓힌다는 말이 아니다. 이미 생명이 충만하여 넘쳐흐르는 하나님을 이렇게 하는 것은 불가능하다. 대신에 하나님에게 영광을 돌릴 때, 우리는 단지 하나님에게 이미 있는 것을 그분께 돌려

드리고 그분이 참으로 어떠한 분이신지를 선언한다. "여호와께 그의 이름에 합당한 영광을 돌리며 거룩한 옷을 입고 여호와께 예배할지어다"(시 29:2).

그렇다면 무엇이 이 하나님, 삼위일체 하나님의 영광인가? 삼위일체 하나님의 영광은 무엇과 같은가? 물론 이 영광은 다른 신들의 영광과는 근본적으로 다를 것이다. 하나님은 전혀 다른 신들과 같지 않기 때문이다. 다음과 같은 대답은 놀라운데, 에스겔 1장은 하나님의 영광을 인격과 빛/광채/밝음이라는 면에서 말한다. 에스겔은 그발 강가에 섰을 때 어떤 일이 벌어졌는지 쓰고 있다. 그는 거대한 네 생물이 받드는 보좌가 다가오는 것을 보았다. "그 머리 위에 있는 궁창 위에 보좌의 형상이 있는데 그 모양이 남보석 같고 그 보좌의 형상 위에 한 형상이 있어 사람의 모양 같더라. 내가 보니 그 허리 위의 모양은 단 쇠 같아서 그 속과 주위가 불 같고 내가 보니 그 허리 아래의 모양도 불 같아서 사방으로 광채가 나며 그 사방 광채의 모양은 비 오는 날 구름에 있는 무지개 같으니 **이는 여호와의 영광의 형상의 모양이라**"(겔 1:26-28). 그 영광의 모양은 사람처럼 보이기도 하고 빛처럼 보이기도 한다.

우선, **빛**이다. 하나님의 영광의 무게를 빛과 같은 존재로 묘사하리라고는 생각하지 못했을 것이다. 하지만 에스겔은 그저 성경 전반에 걸쳐 보이는 것을 기록하고 있을 뿐이다. 하나님의 영광—그의 본성과 성품—은 밖으로 찬란하게 빛나는 순전한 빛과 같다. 다음과 같은 몇 가지 구절을 예로 들 수 있다.

여호와의 영광이 그룹에서 올라와 성전 문지방에 이르니 구름이 성전에 가득하며 여호와의 **영화로운 광채**가 뜰에 가득하였고(겔 10:4).

이스라엘 하나님의 영광이 동쪽에서부터 오는데 하나님의 음성이 많은 물소리 같고 땅은 **그 영광으로 말미암아** 빛나니(겔 43:2).

일어나라, 빛을 발하라. 이는 네 빛이 이르렀고 여호와의 영광이 네 위에 임하였음이니라. 보라, 어둠이 땅을 덮을 것이며 캄캄함이 만민을 가리려니와 오직 **여호와께서 네 위에 임하실 것이며 그의 영광이 네 위에 나타나리니**(사 60:1-2).

시편 19편은 하늘을 이렇게 말한다. "하늘이 하나님의 영광을 선포하고……그 소리가 온 땅에 통하고 그 말씀이 세계 끝까지 이르도다"(시 19:1-4). 이어서 시편 기자는 더 구체적으로 말한다. "하나님이 해를 위하여 하늘에 장막을 베푸셨도다. 해는 그의 신방에서 나오는 신랑과 같고 그의 길을 달리기 기뻐하는 장사 같아서 하늘 이 끝에서 나와서 하늘 저 끝까지 운행함이여. 그의 열기에서 피할 자가 없도다"(시 19:5-6). 여호와의 영광이 일어나 광채를 발함으로 캄캄한 어둠이 물러나는 것처럼, 해가 뜨고 빛을 발함으로 온 천지를 그 영광으로 가득 채운다.

그 지역에 목자들이 밤에 밖에서 자기 양 떼를 지키더니 주의 사자가

취리히 성경에 있는 에스겔서를 묘사한 목판화

곁에 서고 주의 영광이 그들을 두루 비추매 크게 무서워하는지라(눅
2:8-9).

예수님이 변화하셨을 때 베드로과 다른 제자들은 "예수의 영광"을
보았다(눅 9:32). 그 모습은 무엇과 같았는가? "그 얼굴이 해같이 빛
나며 옷이 빛과 같이 희어졌더라"(마 17:2).

그 성은 해나 달의 비침이 쓸데없으니 이는 **하나님의 영광이** 비치고 어
린양이 그 등불이 되심이라(계 21:23).

이처럼 하나님의 영광은 밝게 비추며 계몽시키고 생명을 주는 환한 빛과 같다. 이것이 바로 하나님의 가장 심오한 실재이자 무게다. 하나님은 항상 밝게 빛나며 빛과 생명과 온기를 주는 태양이다. 성부께서 성자에게 생명과 존재를 주시는 것처럼, 성부와 성자께서 성령을 내쉬는 것처럼 성령께서는 세상에 생명을 불어 넣으신다. 이 하나님의 영광은 환히 빛나고 외향적이다. 태양이 자기의 빛과 열을 주는 것처럼, 하나님은 자기 자신을 주기를 기뻐하신다. 그래서 조나단 에드워즈는 다음과 같이 썼다. "하나님이 자신의 영광을 사람의 지성에 나타내시고 마음에 전달하시는 것은 받기 위함이 아니라 주기 위함이다. 하나님이 자신의 영광을 비추시는 주된 목적은 반사된 영광의 빛을 다시 되돌려 받기 위함이 아니라 그 빛이 계속해서 뻗어 나가게 하기 위함이다."[12]

다시 말해, 삼위일체 하나님의 아름다운 영광은 발산하고 자기를 내어주며 사랑하는 것이다. 그래서 에드워즈는 에스겔 1장과 신약에서 이에 대응하는 부분인 요한계시록 4-5장을 논하면서 이렇게 말했다.

복음 계시에서 그리스도께서는 사랑으로 옷 입으신 분으로, 은혜와 자비의 보좌 곧 즐거운 사랑의 광선으로 둘러싸인 사랑의 자리에 앉으신 분으로 나타난다. 사랑은 빛이요 하나님이 좌정하신 보좌를 둘러싼 영광이다……복음에서 하나님을 둘러싼 것으로 나오는 빛과 영광은 특별히 그분의 사랑과 은혜 언약의 영광이다.[13]

그러므로 하나님의 영광이 하나님 안에 있는 다른 어떤 것, 곧 하나님의 사랑과 조화되지 못하는 것이라는 생각은 완전히 잘못된 이해다. 하나님의 영광은 받는 것이 아니라 주는 것과 관계가 있기 때문이다. "사랑은 하나님이 좌정하신 보좌를 두르고 있는 빛과 영광이다." 존 오웬은 하나님은 "**모든 선한 것들을 나누셔서 스스로를 영화롭게 하신다**"고 썼다.[14] 하나님은 특히 자기 자신을 전파하고 나누셔서 스스로를 영화롭게 하신다.

하지만 잠깐, 출애굽기에서 하나님은 애굽을 심판하셔서 스스로 영화롭게 하신다. "산 위의 여호와의 영광이 이스라엘 자손의 눈에 맹렬한 불같이 보였고"(출 24:17). 이는 앞에서 말한 것과 아주 다른 종류의 영광처럼 보인다. 사실은 그렇지 않다. 빛이 가진 가장 사랑스러운 속성 가운데 하나는 어둠을 이기고 물리친다는 것이다. 언젠

한스 홀바인Hans Holbein the Younger
의 「참 빛이신 그리스도」(1527)

가 조나단 에드워즈는 말라기 4장의 서두를 본문으로 해서 의의 태양이신 그리스도를 설교했다.

> 만군의 여호와가 이르노라. "보라 용광로 불 같은 날이 이르리니 교만한 자와 악을 행하는 자는 다 지푸라기 같을 것이라. 그 이르는 날에 그들을 살라 그 뿌리와 가지를 남기지 아니할 것이로되 내 이름을 경외하는 너희에게는 공의로운 해가 떠올라서 치료하는 광선을 비추리니 너희가 나가서 외양간에서 나온 송아지 같이 뛰리라"(말 4:1-2).

여기서 에드워즈가 이끌어 낸 주요 가르침은 "신자들에게 가장 위로가 되고 유익한 광선을 비추는 동일한 영적 태양이 불신자들을 살라 멸망시키리라"는 것이다.[15] 동일한 빛, 동일한 영광이 있다. 그러나

이 영광은 어떤 사람에게는 생명의 향기가, 다른 사람에게는 사망에 이르는 냄새가 된다. 하나님의 뜻은 측량할 수 없을 정도로 자애롭다. 하나님은 마침내 자신의 생명과 존재와 선하심을 전파하셔서 모든 것 안에서 모든 것으로 드러나실 것이다. 마침내 온 우주를 자신의 놀라운 영광의 빛으로 가득 채우실 것이다. 하나님은 완전히 빛이시다. 그러나 어둠을 사랑하는 자들에게 이는 끔찍한 사실일 뿐이다.

여호와의 영광이 거기 머물렀는데

하나님의 영광은 밝히 빛나는 빛과 같다. 그런데 에스겔 1장에서 드러나는 하나님의 영광은 또한 사람처럼 보인다(겔 3:23). 또한 히브리서 1:3은 "이는 하나님의 영광의 광채"라고 말한다. 사실 하나님의 영광이 밖을 향해 환히 빛나는 이유가 바로 여기 있다. 이 영광이 삼위일체적인 것이기 때문이다. 세상의 빛이신 성자는 성부의 찬란함으로, 성부의 빛나는 영광으로부터 빛난다. 이처럼 예수님은 하나님의 영광과 무게다. 예수님은 성부로부터 **나오셔서** 우리에게 성부의 존재를 그대로 보여주신다. 에스겔이 본 것처럼, 예수님은 그분의 아버지처럼 빛난다. 성자는 성부의 영광의 광채시다.

예수님이 하나님의 영광의 광채시라는 것을 안다면, 하나님의 영광을 사랑과 상관없는 어떤 것으로 생각하기는 어렵다. 예수님을 통해 성부께서는 우리에게 자신의 가장 심오한 존재—우리에게 생명을 주기 위해 죽으시는 종의 형상—를 드러내신다. 예수님이 자기를 비워 하늘에서 우리에게 오셨을 때 이는 다름 아닌 하나님의 영광을 보이신 것이었다. "말씀이 육신이 되어 우리 가운데 거하시매 우리가 그의 영광을 보니 아버지의 독생자의 영광이요 은혜와 진리가 충만하더라"(요 1:14). 예수님을 통해 우리는 도도한 신적 영광이 아니라 이루 말할 수 없이 겸손하고 자애로운 영광을 본다.

예수님이 어떻게 자기 영광을 나타내셨는지 생각해 보라. 가나의 혼인잔치에서 예수님은 "자신의 영광을 나타내셨다"(요 2:11). 어떻게 하셨는가? 물을 포도주로 바꾸셔서 그렇게 하셨다. 또한 나사로를 무덤에서 일으키셔서 "영광을 받으셨다"(요 11:4). 순회 마술사들처럼 유명인사가 되려고 그렇게 하신 게 아니다. 이런 이적들을 통해 병자를 고치시고 생명과 부요함을 주는 능력이 있는 긍휼이 많은 분임을 나타내셨다. 그리고 성령께서는 예수님이 말씀하신 대로 예수님을 "영화롭게" 하신다. "그가 내 영광을 나타내리니 내 것을 가지고 너희에게 알리시겠음이라"(요 16:14). 풍성한 분이신 예수님은 또한 나누셔서 제자들도 풍성한 열매를 맺게 하셨고 이를 통해 성부를 "영화롭게" 하셨다(요 15:8). 그렇게 예수님은 풍성한 분으로 알려지신다.

하지만 이 모든 것들은 다만 그리스도께서 영화롭게 되시는 "때"를 위한 전주곡이다. 요한복음 12장에서 예수님은 "인자가 영광을 얻을 때가 왔다"고 하신다(요 12:23). 이때 예수님이 뜻하신 것은 무엇인가?

내가 진실로 진실로 너희에게 이르노니 한 알의 밀이 땅에 떨어져 죽지 아니하면 한 알 그대로 있고 죽으면 많은 열매를 맺느니라.……"이제 이 세상에 대한 심판이 이르렀으니 이 세상의 임금이 쫓겨나리라. 내가 땅에서 들리면 모든 사람을 내게로 이끌겠노라" 하시니 이렇게 말씀하심은 자기가 어떠한 죽음으로 죽을 것을 보이심이러라(요 12:24-33).

예수님은 성부로부터 밝게 빛나서, 우리에게 성부가 진정 어떤 분이신지 볼 수 있도록 밝히 비추시는 성부의 영광이다. 그리고 이제 예수님 자신이 영화롭게 되신다. 즉, 이제 우리는 하나님의 심오한 존재와 무게가 드러나는 것을 보게 될 것이다. 이는 어떤 모습으로 보이는가? 바로 열매를 맺기 위해 죽는 씨다. 예수님은 자신의 죽음을 말씀하고 계셨다. 놀랍게도 예수님이 마침내 굴욕의 정점에 다다른 십자가에서의 그 순간이 바로 예수님이 영화롭게 되고 가장 분명하게 자신이 누구신지 드러나는 때다. 십자가에서 우리는 하나님 마음의 가장 깊은 계시인 하나님의 영광이 영화롭게 되는 것을 본다. 이는 생명을 나누어 주어 열매를 풍성히 맺도록 자기 생명을 내려놓는 것이었다. 종교개혁자 존 칼빈은 이렇게 썼다. "장엄한 극장인 그리스도의 십자가에서 측량할 수 없는 하나님의 선하심이 온 세상 앞에 펼쳐졌다. 확실히 존귀하든 비천하든 모든 피조물 안에서 하나님의 영광이 빛난다. 그러나 십자가만큼 이 영광이 밝게 빛난 곳은 없다."[16]

여기에 어떤 다른 신도 원하지 않을 영광이 있다. 다른 신들은

십자가에 달리신 그리스도를 묘사한
목판화(Gustav Vasa Bible, 1526)

예배하고 섬기며 부양해 주어야 한다. 그러나 삼위일체 하나님은 아무것도 필요하지 않다. 하나님 안에 생명이 있다. 그리고 그분은 생명으로 흘러넘칠 정도로 충만하다. 하나님의 영광은 측량할 수 없이 선하고 넘쳐흐르며 자기를 내어 준다.

"신은 죽었다"

1882년, 니체Friedrich Nietzsche는 대담하게 하나님의 죽음을 선언했다. 이를 통해 니체가 하려는 말은, 하나님을 믿는다는 것은 그야말로 더 이상 불가능하다는 것이었다. 모든 믿음이 끝났다는 것이다. 그러나 실제로는 바로 "하나님이 죽은" 자리에서 참된 믿음이 시작한다. 하나님의 영광인 그리스도께서는 십자가에서 하나님에 대한 모든 거짓

된 개념들을 처형하셨다. 예수님이 성부께 부르짖으며 성령으로 말미암아 자신을 드리신 바로 그때(히 9:14), 마지막 숨을 내쉬는 순간에 그리스도께서는 우리의 상상 너머에 있는 하나님을 계시하신 것이다.

십자가를 통해 우리는 무한히 더 나은 하나님을 본다. 여기서 우리는 우리의 곤경에 전혀 아랑곳하지 않는 하나님이 아닌, 인격적으로 우리의 모든 곤경의 근원을 다루시는 하나님을 본다. 바벨론의 신인 마르둑은 인간이 자신의 노예로 존재하기를 바랐다. 예수님은 말씀하신다. "인자가 온 것은 섬김을 받으려 함이 아니라 도리어 섬기려 하고 자기 목숨을 많은 사람의 대속물로 주려 함이니라"(막 10:45).

이렇게 우리는 우리가 출발했던 곳으로 다시 돌아왔다. 참 하나님을 아는 지식에 이르게 하는 밝은 길, 예수 그리스도로 말이다. 성령의 기름부음을 받은 영화로운 아들로서 예수 그리스도께서는 자기 아버지를 나타내신다. 하나님을 성부, 성자, 성령으로 계시하신다. 오직 사랑이신 하나님을 계시하시고, 십자가에서 그 사랑의 참된 영광을 우리에게 보여주신다. 그분 안에서 우리는 하나님이 우리가 선불리 판단하고 거부했던 따분한 존재나 폭군과는 전혀 거리가 먼 분이라는 것을 알게 된다. 그분 안에서 우리는 선하신 하나님을 본다. 그 하나님은 얼마나 선하신지!

결론: 다른 선택은 없다

그리스도인으로서 당신의 삶은 어떤가? 당신이 가진 복음과 믿음은 어떤 형태인가? 이는 결국 당신이 하나님을 어떤 분으로 생각하는지에 달려 있다. 하나님이 누구신지가 모든 것을 이끌어 간다. 그렇다면 인간의 문제는 무엇인가? 단순히 도덕률을 저버린 것인가? 아니면 보다 심각한 것, 곧 하나님을 저버린 것인가? 구원이란 무엇인가? 단지 법을 잘 지키는 시민으로 돌아가는 것이 구원인가? 아니면 훨씬 나은 것, 곧 하나님의 사랑받는 자녀로 돌아가는 것인가? 그리스도인의 삶이란 무엇인가? 단순히 행동의 문제인가? 아니면 훨씬 깊은 것, 곧 하나님을 즐거워하는 것인가? 우리의 교회, 결혼생활, 관계, 선교 등 모든 것은 우리가 하나님을 어떻게 생각하는지에 따라 형성된다.

4세기 초, 아리우스는 하나님에 대한 자기만의 전제를 가지고 있었다. 아리우스는 길과 진리와 생명이신 그리스도를 간과하여 하나님을 **성자 없이** 정의했고 그 결과는 참담했다. 성자 없는 하나님은 진정한 아버지가 될 수 없다. 홀로 있는 분으로, 그분은 진정한 사랑이 아니게 된다. 그분에게는 우리와 나눌 교제도 없고, 우리를 그에게로 가까이 이끌 아들도 없으며, 우리가 하나님을 알도록 할 성령도 없다. 아리우스에게는 초췌한 삶만이 남겨져 있었다. 멀리서 모든 것을 감찰하는 무정한 하나님 아래서 자신을 의지하며 애쓰는 삶을 살아야 하기 때문이다.

비극적인 사실은, 우리 모두는 매일 아리우스처럼 생각하며 살아간다는 것이다. 우리는 성자 없이 하나님을 생각한다. "하나님"은 생각하면서도 성자의 아버지인 성부는 생각하지 않는다. 그러나 성자의 아버지인 성부에서 출발한다면 머지않아 이 "하나님"보다 훨씬 흥미로운 것들을 발견할 것이다. 하지만 자신만을 들여다본다면 속히 다시 내향적이고 열매 없는 "하나님"을 닮고 있다는 사실을 알게될 것이다. 20세기 러시아 신학자 블라디미르 로스키^{Vladimir Lossky}는 이렇게 말한다. "우리가 삼위일체를 모든 실체와 사상의 유일한 토대로 삼지 않는다면, 향방 없이 가다가 결국 난제(절망), 어리석음, 존재의 해체, 영적 죽음에 이르게 될 것이다. 삼위일체 하나님과 지옥 사이에서 다른 선택은 없다."[1]

그러나 예수님으로부터 시작한 아타나시우스는 아리우스의 하나님과는 더할 나위 없이 다른 하나님과 더불어 사는 자신을 발견했다. 아타나시우스에게 "삼위일체"는 하나님을 묘사하는 가운데 작은 글씨로 덧붙인 추가 설명 같은 것이 아니었다. 아타나시우스와 함께한 하나님은 사랑의 하나님이요, 자기에게 있는 영원한 사랑과 교제를 함께 나누도록 우리를 이끄시는 자애로우신 아버지였다.

이제 선택이 남았다. 우리는 어떤 하나님과 함께할 것인가? 어떤 하나님을 선포할 것인가? 성자이신 예수님 없이는 우리는 하나님을 참된 사랑의 아버지로 알 수 없다. 하지만 루터가 발견한 것처럼, 예수님으로 말미암아 우리는 하나님이 아버지시라는 것을 알고, "그분의 자애로운 마음을 들여다보고 그분이 얼마나 우리를 한없이 사랑하시는지를 절감하게 된다. 이는 우리의 마음을 데워 달아오르게 만들 것이다."[2] 정말 그렇다. 그리고 더 나아가, 이는 우리 삶에 변혁을 불러올 것이다.

주

들어가며

1. Surah 4.171.
2. Surah 112. 강조는 리브스의 것.

1 | 창세전 하나님은 무엇을 하고 계셨을까?

1. Karl Barth, *Dogmatic in Outline*(trans. G. T. Thompson; London; SCM, 1949), p. 48. (『개신교신학 입문』 복 있는 사람)
2. Athanasius, *Against the Arians*, 1.34.
3. John Calvin, *Institutes*, 1.14.2, 22. (『기독교강요』 크리스챤다이제스트)
4. James Miller, *The Passion of Michel Foucault*(New York: Simon & Schuster, 1993), p. 366. (『미셸푸꼬의 수난』 인간사랑)
5. *Nicene and Post-Nicene Fathers*, Second Series, vol. V, p. 338.
6. 그림은 "빅토의 리처드", 출처는 Giovanni di Paolo, The First Circle of the Twelve Teachers of Wisdom Led by Thomas Aquinas(http://nibiryukov.narod.ru/nb_pinacoteca/nbe_pinacoteca_artists_g.htm#Giovanni_di_Paolo)
7. *The Works of Jonathan Edwards*(New Haven and London: Yale University Press, 1957-2008), vol. 21, pp. 135, 187.
8. Hilarius, *On the Trinity*, 4.4, 9.61, 5.35.
9. Calvin, *Institutes*, 1.13.2. (『기독교강요』 크리스챤다이제스트)

2 | 창조: 흘러넘치는 성부의 사랑

1. Karl Barth, *Church Dogmatics* III/1, ed. G. W. Bromiley and T. F. Torrance

(Edinburgh: T & T Clark, 1936-1977), p. 50.

2. 신학자들은 성부, 성자, 성령을 각각 본체[hypostasis]로 말한다. 신학자들이 그렇게 말하는 데는 아주 중요한 이유가 있다. 성부, 성자, 성령보다 더 근본적인 토대는 없다는 것이다. 성부, 성자, 성령 이면에 혹은 성부, 성자, 성령이 비롯되는 어떤 "하나님" 또는 "하나님이라고 할 만한 물질" 같은 것은 없다는 말이다.

3. C. S. Lewis, *The Screwtape Letters*(Glasgow: Collins, 1942), pp. 45-46. (『스크루테이프의 편지』홍성사)

4. 마귀와 삼위일체 하나님 간의 극명한 대비를 보여주는 한 사례로 베드로전서 5:7-8에서 하나님과 마귀가 각각 어떻게 묘사되는지 비교해 보라. 하나님은 우리의 모든 염려를 다 맡겨도 좋을 만큼 우리를 자애롭게 돌보시는 반면(벧전 5:7), 마귀는 두루 다니며 삼킬 자를 찾는다(벧전 5:8).

5. *Works of Jonathan Edward*, vol. 8, p. 459.

6. *Works of Jonathan Edwards*, vol. 8, p. 448.

7. *Works of Richard Sibbes*, vol. 6, p. 113.

8. *Works of Richard Sibbes*, vol. 6, p. 113.

9. *Works of Richard Sibbes*, vol. 6, p. 113.

10. 'God's Grandeur', lines 10-14.

11. Abu Hamid al-Ghazali, *The Revival of Religious Studies*(trans. Reza Shah-Kazemi), vol. 6, bk. 36.

12. 당시 서로 연관도 없는 작은 종파들을 뭉뚱그려 "영지주의"라고 했기 때문에 "영지주의자"라는 자들이 실제로 무엇을 믿었는지 꼬집어 말하기는 어렵지만, 그럼에도 여기서는 최소한의 공통된 요소라고 할 수 있었던 것들을 간추려 보려고 한다.

13. *The Gospel of Thomas*, Logion 114, in J. M. Robinson, ed., The Nag Hammadi Library, 3rd edn (San Francisco: Harper & Row, 1988), p. 139; see also Logion 22.

14. C. S. Lewis, *Collected Letters: Books, Broadcasts, and War, 1931-1949*(New York: HarperCollins, 2004), p. 930.

15. Athanasius, *Against the Heathen*, 42.

16. *Works of Jonathan Edwards*, vol. 13, pp. 329, 331.

17. Barth, *Church Dogmatics*, II/1, P. 661.

18. John Owen, "Christologia", in *The Works of John Owen*, ed. William H.

Gould, 24 vols. (1850-1855; republished, Edinburgh: Banner of Truth, 1965-1991), 1:144(원서 각주는 *The Works of Jonathan Edwards* vol.1이라고 쓰여 있으나, 이 부분은 본문에서도 언급하듯 에드워즈가 아니라 오웬의 글이다—옮긴이.)

3 | 구원: 자신의 것을 나누시는 성자

1. *Works of Jonathan Edwards*, vol. 21, p. 171.
2. John Milton, *Paradise Lost*, bk IV, II. 460-466. (『실낙원』 문학동네)
3. *Heidelberg Catechism*, 32. (『하이델베르크 요리문답』 성약출판사)
4. J. I. Packer, *Knowing God* (London: Hodder & Stoughton, 1973), p. 224. (『하나님을 아는 지식』 IVP)
5. *Luther's Works*, vol. 34. pp. 336-337.
6. *Luther's Large Catechism* (Saint Louis, MO: Concordia, 1978), p. 77.
7. *Luther's Large Catechism*, p. 70.
8. Calvin, *Institutes*, 2.2.18. (『기독교강요』 크리스챤다이제스트)
9. John Calvin, *Commentary on John* 16:27 (『요한복음』 크리스챤다이제스트)
10. Charles Spurgeon, Sermon #2899, Metropolitan Tabernacle Pulpit (London: Passmore & Alabaster, 1904), vol. 50, p. 431.

4 | 그리스도인의 삶: 아름답게 하시는 성령

1. The Small Catechism, in *The Book of Concord: The Confession of the Evangelical Lutheran Church* (trans. and ed. Theodore G. Tappert; Philadelphia: Fortress, 1959), p. 345.
2. "A Prologue upon the Epistle of St Paul to the Romans", in *The Works of William Tyndale* (Edinburgh and Carlisle, PA: Banner of Truth, 2010), vol. 1, p. 489.
3. *The Works of Thomas Goodwin* (Edinburgh: James Nichol, 1861), vol. 1, p. 46, 강조는 리브스의 것.
4. R. A. Torrey, *The Person and Work of the Holy Spirit* (New York: Fleming H. Revell, 1910), p. 15.
5. *Works of William Tyndale*, p. 499.

6. *Works of Jonathan Edwards*, vol. 8, p. 386.

7. *Works of Richard Sibbes*, vol. 1, p. 14.

8. Charles Spurgeon, *Morning and Evening*, Morning, June 28.

9. John Owen, *Works*, 1.146.

10. *Works of Jonathan Edwards*, vol. 21, p. 191.

11. Owen, *Works*, 2.36.

12. ____, *Works*, 2.21.

13. ____, *Works*, 2.237.

14. ____, *Works*, 2.229-230.

15. *Works of Jonathan Edwards*, vol. 2, p. 95.

16. *Works of Jonathan Edwards*, vol. 21, p. 172.

17. *Ecumenical Creeds and Reformed Confessions* (Grand Rapids, MI: CRC, 1988), p. 54.

18. *The Works of Thomas Chalmers* (Bridgeport: M. Sherman, 1829), vol. 3, p. 64.

19. *Works of Richard Sibbes*, vol. 6, p. 388.

5 | 여호와여, 신 중에 주와 같은 자 누구니이까

1. Christopher Hitchens, "Hannaty's America" [interview], *Fox News*, Sunday 13 May 2007.

2. Barth, *Church Dogmatics*, II/1, p. 661. (『교회교의학 II/1』 대한기독교서회)

3. Colin Gunton, *The Christian Faith: An Introduction to Christian Doctrine* (Oxford: Blackwell, 2001), p. 188.

4. Calvin, *Institutes*, 1.11.8. (『기독교강요』 크리스챤다이제스트)

5. *Athanasius: The Coherence of His Thought* (London and New York: Routledge, 1998), p. 14.

6. *Works of Jonathan Edwards*, vol. 10, p. 478.

7. *Works of Jonathan Edwards*, vol. 2, p. 298, 강조는 리브스의 것. (『신앙감정론』 부흥과개혁사)

8. *Works of Jonathan Edwards*, vol. 21, p. 186, 강조는 리브스의 것.

9. *Works of Jonathan Edwards*, vol. 2, pp. 201, 347. (『신앙감정론』 부흥과개혁사)

10. Stephen Moore, *God's Gym* (New York and London: Routledge, 1996), p. 17.

11. Miroslav Volf, *Free of Charge: Giving and Forgiving in a Culture Stripped of Grace*(Grand Rapids: Zondervan, 2006), pp.138-139. (『베풂과 용서』복 있는 사람)

12. *Works of Jonathan Edwards*, vol. 13, p. 496.

13. *Works of Jonathan Edwards*, vol. 8, p. 145.

14. Owen, *Works*, 23.99, 강조는 리브스의 것.

15. *Works of Jonathan Edwards*, vol. 22, p. 52.

16. John Calvin, *Commentary on John* 13:31. (『요한복음』크리스챤다이제스트)

결론: 다른 선택은 없다

1. Vladimir Lossky, *The Mystical Theology of the Eastern Church*(Cambridge: James Clarke & Co., 1957), p. 66.

2. *Luther's Large Catechism*, p. 70.